# 묻지않는 자에게 해답을 던지지 말라

정원 지음

영성의 숲

# 서문

 이 글은 일종의 잠언시집으로 인생과 영성과 사랑과 진리들에 대한 가벼운 통찰을 담은 것입니다.
 우리는 날마다 평이하고 반복되는 일상을 살아가면서 비슷한 일들을 하고 비슷한 생각을 하면서 살아갑니다. 그래서 우리의 삶은 가끔 지루하게 느껴지기도 합니다. 하지만 우리가 날마다 만나는 사람들, 우리가 부딪치게 되는 평이한 일들.. 그 모든 것들은 항상 무엇인가 메시지를 가지고 있으며 우리에게 무엇인가를 가르치고 깨우치기 위해서 우리의 곁에 찾아오는 것입니다.
 가끔 우리의 영혼이 고양되고
 번쩍이는 빛처럼 깨달음이 다가올 때
 우리는 우리가 경험하는 날마다의 일상 가운데
 보석과 같은 아름다움과 진리가 담겨있음을
 보게 될 것입니다.
 가끔 그러한 순간이 있습니다.
 저녁노을을 보면서 이상하게 가슴이 뭉클해지고
 길에서 엄마의 손을 잡고 아장거리는 아가의 모습을 보면서 알 수 없는 희열이 물결치는 것 같은..

때로는 우연히 스쳐 지나가는 멋진 음악에
영문도 모르는 환희의 눈물이 흐르기도 합니다.
그러한 것은 잠시 우리의 영혼이
산보를 나온 것입니다.
아주 잠시라도 영혼이 잠을 깨어 기지개를 켜면
우리는 신선해지며 진리의 통찰을 느끼게 되며
감격하게 되고 전율을 느끼며
사랑하고 싶은 충동에 사로잡히게 되지요.

당신의 일상 속에서 영혼을 느끼십시오.
진리를 느끼십시오.
아주 잠시만 삶을 멈추고
영혼을 돌아보십시오.
주위를 돌아보십시오.
당신은 전율을 느끼게 될 것입니다.
이 책이 당신의 일상에 빛과 전율을 가져오는
작은 도구가 되었으면 좋겠습니다.

정원

# Contents

서문
사랑하지 않는 삶은 허무하다 · 8
상처와 한을 내려놓으라 · 9
누가 아는가 · 11
북극의 고슴도치 · 13
단 한가지 듣고 싶은 말 · 14
기억상실증 · 15
묘지의 가르침 · 17
묻지 않는 자에게 해답을 던지지 말라 · 22
갈등 · 25
확신 · 29
질문을 하라 · 31
질문을 하지 말라 · 33
영혼의 발전 단계 · 36
깨어짐의 이유 · 47
둔감함 · 52
황혼 · 54
기한 · 56
성향 · 57

외면과 내면 · 60

내면의 소리 · 61

악역 · 62

무지 · 63

부메랑 · 64

중심 · 66

부부의 행복 · 67

자녀 관계 · 70

진정한 섬김 · 74

고향 · 75

열매 · 76

천국과 지옥 · 77

인격 · 79

인생의 목적 · 80

은혜의 비 · 83

수면 · 85

참된 행복 · 87

억울함 · 88

악한 즐거움 · 90

사랑과 욕망 · 93

바퀴의 축 · 96

가르침 · 97

사랑이란 · 98

은혜 · 99

작은 자에게 베푸는 것 · 101

우산은 말한다 · 103

타조와 지혜 · 105

하나됨 · 106

회복 · 107

언제부터 · 109

힘과 은혜 · 110

삶의 누림 · 113

물과 그릇 · 116

산과 골짜기 · 119

인생의 4계절 · 121

음식 · 122

음식, 몸, 성품, 영혼 · 123

공간 욕구 · 128

전망 · 130
음양 · 131
고난과 변화 · 134
영의 흐름 · 136
조화 · 137
영원을 사모함 · 139
섬 · 141
거울 · 143
고독 · 146
늙음의 행복 · 148
황금빛 날개 · 151
여정 · 154

# 사랑하지 않는 삶은 허무하다

사랑하지 않는 인생은 허무하다.
그리움이 없는 인생도 허무하다.
그들은 아무도 그리워하지 않으며
아무도 그들을 그리워하지 않는다.

그대, 돌아갈 집이 없으며
그대를 기다리는 자가 없다면
이 험한 인생을 함께 여행할 자가 없으며
함께 노을을 바라볼 자가 없다면
더 늦어지기 전에
그리움을 시작하라.
아직 살아있을 때에
외로움을 배우라.
사랑은 외로움에서 시작하며
기다림 속에서 그리움은 시작되는 것
그리움에 지쳐 사랑이 시작될 때
그대의 허무함은 한 꺼풀씩 벗겨지리라.

# 상처와 한을 내려놓으라


상처는 용서하지 않는 마음이다.
한은 가슴 속 깊은 곳의 억울함이다.
친구여.
상처와 한을 내려놓으라.
그것들은 대자연을 오염시키며
당신의 영혼에 재앙을 쌓는다.

대자연의 흐름을 보고 배우라.
당신의 한을 변호하지 말며
당신의 억울함을 하소연하지 말라.
우주 안에 가득한
그 사랑에 조화를 이루라.
하늘은 아낌없이 은총의 비를 내리며
아무도 원망하지 않는다.
땅은 겸손하게 은총의 비를 마시며
풍성한 열매를 생산한다.

오직 사랑의 기억만을 간직하라.

오직 은총의 순간만을 당신의 마음에 두라.
그 사람도 친절한 순간이 있었으며
당신도 잘못할 때가 있었다.
우리 모두는 은총을 경험하기에 합당하지 않다.
그러나 자연은 우리를 용서하며
오늘도 우리에게 친절을 베푼다.

어린 영혼이여,
지옥에서 벗어나라.
지옥은 어두운 마음이 만들어내는
쓴 뿌리의 그림자.
거기에서 놓여날 때에
당신의 영혼은 날게 되리라.
하늘은 높고 대지는 아름다우며
당신의 영혼은 높은 곳으로, 아름다운 곳으로
비상을 시작하게 되리라.
그리고 거기에서부터
당신의 천국은 시작되리라.

# 누가 아는가

병원에 위문을 갔다.
그녀는 내일 모레 퇴원을 한다.
그러나 그녀의 얼굴에 수심이 있다.
목사님. 기도 좀 해주세요. 옆 침대의 아이가..
그 아이는 수술 후 깨어나지 않는다.
의사는 말한다. 마음 준비를 하세요.
아이의 엄마와 할머니는 오직 눈물, 눈물, 눈물뿐이다.

중환자 실로 들어가 아이의 손을 잡는다.
믿음으로 기도하고 하나님께 맡겼다.
하나님의 은총으로 아이는 살아났다.
아이는 곧 회복되어 건강하게 뛰어 논다.
그러나 퇴원한 여인은 얼마 후에 숨을 거둔다.

누가 알 수 있는가, 인생의 길을.
누가 기차의 시간표를 알고 있는가.
사는 줄 알았던 여인은 먼저 여행을 떠났고
여행 중으로 알던 아이는 다시 돌아왔다.

우리는 모두 여행 중
아무도 기차 시간을 모른다.
잠시 걸어가는 여행 속에서
왜 우리는 많은 것들을
짊어지고 있는가.
사랑과 은총 이외의
그 어떤 것을 우리는 소유해야 하는가.

# 북극의 고슴도치

북극에 고슴도치 두 마리가 있다.
떨어져 있으면 너무 춥고
껴안고 있으면 너무 아프다.

이것은 우리의 자화상이 아닌가.
우리는 함께 있을 때 미워하고 싸우며
헤어져 있으면 그리움으로 목이 탄다.
친구여.
우리 좀 어떻게 해 봐야 하지 않겠는가.
추운 것이 싫다면
더운 지방으로 가든지
아니면
우리의 가시를 뽑든지 해야 하지 않겠는가.

# 단 한 가지 듣고 싶은 말

한 남자와 한 여자가 이야기를 한다.
남자는 열심히 이야기를 하고
여자는 열심히 이야기를 듣는다.
남자는 설득하기 위하여 이야기를 하고
여자는 설득되고 싶어서 이야기를 듣는다.
남자는 많은 이야기를 하고
그들은 서로 헤어진다.
이야기는 많았으나 그들은 서로 허무하다.
남자는 설득에 실패하고
여자는 설득되기에 실패한다.
남자는 다음을 기약하며 다짐한다.
다음에는 좀 더 멋진 이야기를 해야지.
비전, 이상, 위대함, 성취..
여자는 다음을 기약하며 기대한다.
다음에는 사랑한다는 말을 들을지도 몰라..
어떤 사람은 많은 것을 말하며
많은 것을 성취하기 원하나
어떤 이는 오직 한 가지만 알기를 원한다.

# 기억 상실증


한 사나이가 휴가를 얻어 여행을 떠났다.
집에는 사랑하는 아내와 아이들을 두고.
여보. 사랑해. 잘 다녀올게.
잘 다녀오세요. 건강 조심하구요..
사나이는 여행 중 기억 상실증에 걸린다.
낯선 곳, 낯선 거리를 방황하면서
그는 자기에게 묻는다.
나는 누구인가.
나는 왜 여기에 있는가.
나는 어디로 가고 있는가.

깊은 밤, 혼자 있을 때 그는 자기에게 묻는다.
나는 왜 공허한가.
나는 누구를, 무엇을 그리워하는가.
누군가 나를 사랑하는 것 같고
누군가 나를 기다리는 것 같은 데
그들은 누구인가. 그들은 어디에 있는가.
수첩에서 가족사진을 보며

그는 울면서 묻는다.
나는 왜 우는가. 이 사람들은 누구인가.
나는 왜 이들을 보면
가슴이 뜨거워지는가.
그는 밤 새 잠을 이루지 못한다.

우리는 모두 기억 상실증에 걸리지 않았는가.
우리는 중요한 많은 것들을
잊어버리지 않았는가.
삶의 의미를, 사랑을, 그리움을,
친절함을, 아름다움을, 감사하는 것을,
그리고 무엇보다 나 자신을.

삶의 의미를 위하여
사랑을 위하여, 그리움을 위하여
우리는 진정한 나에게로, 내면의 세계로
돌아가야 하지 않겠는가.
방황이 끝이 나고 집으로 돌아갈 때까지
우리는 그 여행을 해야 하지 않겠는가.
우리 안에서 흐르는
그리움과 눈물의 정체를 발견할 때까지
우리는 기억을 찾는 여행을 계속해야 하는 것이 아닌가.

# 묘지의 가르침

공원 묘지를 걷는다.
자그마한 언덕
양지바른 곳
전망이 좋은 장소에
수많은 무덤이
줄을 지어 가지런히 앉아있다.
각 무덤마다
비석하나 석상하나..
그들의 살림살이는
하나같이 조촐하다.

그들은 어떤 사람들일까.
어떻게 살았을까.
그들도 아마
사랑하고 미워했겠지.
바쁘게 쫓기고 화내고
그리워하고 후회하고
그렇게 살아갔겠지.

그들은 얼마나 사랑했을까.
얼마나 그리워했을까.
혹은 욕심내며 빼앗기지 않으려고
몸부림치며 살아갔을까.
그도 역시 식당에서 밥이 늦게 나온다고 화를 냈을까.
차가 막힌다고 욕을 했을까.
많이 소유하기 위하여, 성공하기 위하여
밤늦게까지 일을 했을까.

자 이제 남은 것이 무엇인가.
한 개의 비석
한 개의 이름
하나의 석상
이것을 위하여
그는 그토록 수고했는가.
잠을 설치며 마음을 졸이며 살아왔는가.

그는 어떤 추억을 남겼을까.
가족들은 그를 무엇으로 기억할까.
그는 사람들에게 은총을 주었을까,
아니면 고통을 주었을까.
그들의 가족은 슬퍼했을까

울었을까
후회했을까.

동그랗게 채워진 묘지도 있고
아직 평평한
비어있는 묘지도 있다.
저 비어있는 묘지의 주인은
지금 어디 있을까.
무엇을 하고 있을까.
염려하고 있을까
실망하고 있을까
분노하고 있을까.
그는 자신이 이곳에 오는 것을 알고 있을까.

석상 위에 놓여있는
아름다운 꽃다발.
그는 고인의 누구였을까.
그는 고인으로부터
무엇을 추억할까.
그는
슬퍼했을까
울었을까

후회했을까.
그들은 지금
어디에 있는가
그들이 아끼고 사랑했던 육신은 여기 있으나
그들의 영혼은 지금 어디에서 무엇을 하는가.


양지바른 언덕의 무덤
그곳에 고요함이 있고 평화로움이 있다.
무덤 속의 주인공들
이제 그들은 수고를 마치고 쉰다.
알 수 없는 거룩한 평화를 느끼며
돌아와야 할 발걸음이 떨어지지 않는다.
그러나 나는 돌아와야 하리라.
내 삶의 자리
사랑의 자리에로.
이제 내 차례가 올 때까지
조금 더 사랑하고
조금 더 축복하고
조금 더 길을 걸어야 하리라.


아름다운 추억을 남기기 위하여
조금 더 은총의 시간을 보내며

섬김의 길을 가야하리라.
나의 떠남이
사람들에게 영감의 시간이 되며
소망과 그리움의 시간이 될 수 있도록
조금 더 걸어가야 하리라.
행복한 죽음
후회 없는 안식을 위하여
후회 없는 이별을 위하여
오늘도 사랑의 길을 가야하리라.
나는 감동과 상념에 젖어
그곳을 떠난다.

# 묻지 않는 자에게 해답을 던지지 말라

묻지 않는 자에게 해답을 던지지 말라.
배고프지 않은 자에게 진미를 베풀지 말라.
그들은 그대에게 감사하지 않는다.
그들은 야수처럼 그대를 물어뜯을 것이다.

진정 돕기를 원한다면
그들에게 배고픔을 주라.
갈증을 일으키라.
신이 그대에게 그렇게 했듯이
그들에게 질문을 던지라.
결코 대답할 수 없는 질문을.
그가 알 수 없는 것들을.

그들로 하여금 회의하게 하고
수많은 의문들이 일어나게 하라.
직접 대답을 주지 말고
그들이 해답을 찾게 하라.
갈망이 없이는

결코 성장이 없다는 것을
그들 스스로 깨닫게 하라.

그들이 묻지 않을 때
그들과 조금 떨어져 있으라.
사랑해도 그들은 알지 못하며
그들을 견디기에는 당신의 영혼이 괴롭다.
그들이 인생을 즐기도록 내버려 두라.
뛰어가고 애쓰도록 내버려 두라.
그들이 암초에 걸려
성장의 날, 구원의 날이 올 때까지
그들을 사랑하며 기다리라.

그들이 깊은 구덩이에 빠져도 안심하지 말라.
아직은 때가 아닐 수도 있다.
그들은 한동안
혼자 나올 수 있다고 우길 것이다.
너무 빠른 도움은
당신도 같은 구덩이에 넣을 수 있다.

성장을 위하여 인생이 있음을 왜 알지 못할까
의문이 없으면 해답도 없는 것을.

당신의 가까이에 있는 미숙한 영혼들을 위하여
지혜롭게 사랑하고
지혜롭게 기다리라.
그들이 질문을 가질 때까지
그들의 영혼이 해산의 수고를 시작할 때까지
겸손한 침묵으로 그들을 사랑하라.
이것이 당신의 영혼을 보호하리라.

# 갈등

동물은 흙으로 만들어지고
영들은 생기로 만들어졌다.
동물은 땅에 속하고
영들은 하늘에 속한다.
사람은 중립적인 존재
흙으로 육체가 만들어지고
생기로 영혼이 형성된다.

그러므로 인간은 갈등이 있다.
동물은 본능으로 살아도 갈등이 없고
천사들은 육체를, 물질을 탐하지 않으나
사람은 사는 한 괴롭다.
본능으로 살면 영혼이 고통하며
영혼으로 살면 육체가 속을 썩인다.
그러므로 육체와 영혼의 투쟁
이것이 인생이요,
영혼의 성장 과정이다.

영혼이 어린 사람은 육체를 다스릴 수 없다.
그는 본능으로 만족하고
물질로 인하여 행복하다.
그는 욕심과 이기심을 극복하지 못하며
자기 성질을 이기지 못한다.
그는 분노하고 용서하지 않으며
비난하고 원망하고 한을 품는다.
자기의 악행은 기억하지 않으며
타인의 실수는 무덤까지 가지고 간다.
그는 이 땅에서 아귀다툼하여
많이 소유할 수도 있고 성공자로 알려질 수도 있다.
그러나 이 땅의 짧은 여행이 끝난 후
그는 빛의 세계를 견디지 못하여
어두움의 세계로 떨어진다.

인간은 영혼의 성장을 위하여 이 땅에 온 것
육체의 껍질을 벗지 않으면 성장할 수 없다.
그러므로 삶은 우리에게 고통을 일으키며
더 높은 곳으로 우리를 이끌어간다.
영혼의 성질은 사랑
영혼이 성숙할수록
그는 사랑하고 섬기며

묶임에서 벗어나 자유롭다.
영혼이 성장했을 때
그는 육체를 다스릴 수 있으며
사람을 분별하고 때를 분별하며
신을 찬양하고
섭리를 거스르지 않으며
자연스럽게 조화되는 것을 배운다.

오, 영혼이 아름답게 성장하면 얼마나 좋을까.
우리의 본성이 바뀌어
지금 용서할 수 없는 것을 쉽게 용서하고
어떤 사람이든 아름답게 볼 수 있으며
어떤 상황에서든 감사하고 사랑하고 기뻐할 수 있다면
항상 기도하고 노래하며
바람과 꽃잎, 어린아이와 나무속에서
신의 광채를 보고
삶의 환희를 경험할 수 있다면 얼마나 좋을까
그것은 바로 우리 마음속의 천국이며
우리 영혼의 종착역인 것을.

오늘도 우리의 영혼은
육체를 거슬러 싸운다.

아직 질 때도 많지만
언젠가는 좀 나아지겠지.
언제가 영혼은 조금씩 자라게 되고
사랑하는 것이 조금은 쉬워지겠지.
싸움이 힘들어도 우리는 포기해서는 안 된다.
그것이 인생이고
우리가 걸어가는 여행이기 때문에.
오늘도 우리는
집으로 돌아가기 위하여
영혼의 싸움을 싸운다.

# 확신

자기가 항상 옳다고 믿는 이들은 불행하다.
자기 의견이 항상 맞는다고 믿는 이들은 불행하다.
확신이 많은 이들은 불행하다.
별 것 아닌 것을 끝까지 우기는 이들은 불행하다.
그들은 잘 들을 줄 모르며
지혜로운 권고를 받을 수 없다.
그들은 항상 남을 판단하고 자신을 반성하지 않으며
다른 이들을 존경하지 않는다.

그들은 항상 말한다.
정말 이해할 수가 없어.
나 같으면 이렇게 할 텐데.
어떻게 저러고 살까.
생각이나 하고 사는 지 원.

그들은 항상 고독하다.
그들은 죽을 때도 고독하게 죽는다.
그들은 말한다.

왜 아무도 찾아오지 않지.
배은망덕한 것들
내 인생 왜 이리 운이 없는지
도대체 이해할 수가 없어.

사랑은 옳은 것보다 중요하다.
관계는 진리보다 중요하다.
자기를 부인하고
자기의 입장과 의견을 버리지 않는 자는
결코 영혼을 사랑할 수 없으며
사람을 얻을 수 없다.
진실로 지혜로운 자는 행복하며
그는 지혜 자체보다
자신의 옳음보다
사람을, 인생을 즐거워한다.

# 질문을 하라

질문을 하라
마음속으로
마음속 깊은 질문을 하라.
회의를 하고
많은 의문들을 가지라.
어느 날 홀연히
해답은 당신을 찾아온다.
길을 갈 때에
당신이 잠든 사이에
전철 안에서
대답은 계시처럼 당신을 부른다.

당신의 영혼은 해답을 만든다.
질문한 자는 잊었어도
영혼은 모든 것을 만들어낸다.
비처럼 해답이 내려올 때
당신은 높은 곳으로 상승하고
새로운 차원의 세계가 열린다.

해방을 위하여 성숙을 위하여
아름다운 질문을 가지라.
참된 지혜를 얻기 위하여
깊은 질문을 가지라.
그 질문은 당신을 이끌어가며
물음표는 마침표로 막을 내린다.
자연은 구하는 자에게 아낌없이 주며
묻지 않는 자에게 아무 것도 주지 않는다.

# 질문을 하지 말라

함부로 질문하지 말라.
쓸 데 없는 의문을 갖지 말라.
의문은 생명이며
그것은 복잡한 인과 문제를 만들어 낸다.
많은 파멸들이 사소하고 의미 없는 호기심에서 나왔다.
본질적이 아닌 것들을 너무 알려고 하지 말라.

시시한 호기심을 버리라.
연속극의 결과를 알려고 애쓰지 말라.
주인공이 결혼하든 말든 신경 쓰지 말라.
작가에게 전화를 걸어서
주인공을 살려주지 않으면 가만있지 않겠다고
협박하지 말라.
유치하게 살기에는 너무나 인생이 짧다.
한국 야구 시리즈에 누가 우승하든지
탤런트가 누구와 결혼하든지 상관하지 말라.
남들이 흥분한다고 덩달아 같이 흥분하지 말라.
그런 이들은 땅이 존재하는 한 항상 있으니

그들은 그렇게 살도록 내버려 두라.
그러나 당신은 좀 더 높은 곳을 보라.


어느 날 초등학교 4학년 남자아이가
학교에서 다리가 부러져서 집에 왔다.
병원으로 가면서 엄마는 묻는다.
어떻게 하다가 부러졌니.
아들은 대답한다.
높은 철봉 위에서 뛰어 내렸어요.
엄마는 다시 묻는다.
왜 뛰어 내렸니.
아들은 다시 대답한다.
뛰어내리면 다리가 부러지나 안 부러지나 궁금했어요.
엄마는 한숨을 쉰다.
이제 알았으니 속이 시원하겠구나.


다섯 살 아가에게 엄마가 말한다.
아가. 절대로 선풍기에 손가락 넣지 말아라.
손가락 부러진단다.
아가는 엄마에게 애원한다.
엄마. 꼭 한 번만..
정말 부러지는지 한 번만 해보면 안 돼?

어린 영혼일수록 시시한 의문이 많다.
그러나 양잿물을 마셔봐야만
죽는 걸 아는 건 아니다.
의문은 곧 그 영혼의 수준
성장할수록 깊은 의문이 많다.
그들은 생명과 진리를 알고 싶어 한다.

함부로 호기심을 가지지 말라.
끝이 어떻게 되는지 알고 싶어서 가다가
많은 사람들이 멸망하고 죽었다.
의미 없는 사소한 것들에
당신의 생명을 낭비하지 않게 하라.
물고기는 몇 시에 잠을 자는지
곰은 왜 날아갈 수 없는지
나무는 왜 시를 짓지 않는지
알려고 하지 말라.
혹시 궁금증이 생기는가?
당신은 벌써 걸려들었다.

당신의 영혼이 높은 곳을 바라보게 하라.
낮은 질문을 버리고 높은 세계를 향할 때
그 때부터 성장은 시작되는 것이다.

# 영혼의 발전 단계

영혼의 발전 단계는
각 사람마다 다르다.
당신은 그것을 분별할 수 있어야 한다.
그것을 알지 못하면
당신은 왜 미움을 받는지
왜 사랑을 받는지
어떻게 행동해야 하는지
상대의 소원이 무엇인지
무엇을 주어야 하는지
어떻게 사랑해야 하는지
당신은 알 수 없을 것이다.
동물은 동물일 뿐이고
천사는 천사일 뿐이지만
사람은 영혼의 발전 상태에 따라
세 가지의 영역에 속할 수 있다.
동물은 땅에 속하고
천사는 하늘에 속하지만
사람은 여러 영역에 속할 수 있다.

영혼이 어린 사람은 자연의 영역에 속한다.
이는 동물의 세계이며 본능의 세계이며
약육강식의 세계이다.
강한 자가 승리하는 세계이다.
이 세계에 속한 자들은
강한 자가 되기 위해서 이기기 위해서
많은 무기를 훈련한다.
학벌이든, 돈이든 멋진 외모든 권세이든
그 모든 것들은 그들에게 무기와 같다.
그들은 사랑이 뭔지 모르며
만약 사랑을 한다면
본능적, 육욕적, 이기적 사랑에 머물 뿐이다.

만일 당신이 돈이나 권세를 가지고 있지 않다면
그들의 주변에 얼씬거리지 말라.
그들은 당신을 존경하지 않는다.
그들은 있는 자, 높은 자에게 비굴하며
없는 자, 낮은 자에게 잔인하다.
그들은 자기에게 이익이 되지 않는 사람은
거들떠보지도 않는다.
그러나 외적으로 높은 위치에 있는 사람들에게
그들은 아주 친절하다.

그들은 물질계 외에는 아무 것도 보지 못하며
영혼과 내면의 가치를 이해할 수 없다.
그들에게 진리를 주어 핍박을 받지 말라.
그들에게 열심히 가르치지 말라.
때가 되기 전까지 그들은 아무 것도 이해할 수 없으며
그들의 눈에는 당신이 그저 한심하게 보일 뿐이다.
그들은 극심한 환란을 겪기 전 까지는
눈이 열리지 않으며
그저 본능대로 산다.
그들은 기본적으로 자기 외에는
아무에게도 관심이 없으며
그들에게 사랑은 호르몬의 교환일 뿐이다.

이들은 호전적이고 열정적이어서
아귀다툼을 잘하고 자기 권리에 민감하며
결코 자기의 것을 빼앗기지 않는다.
그들은 이 땅에서 유능한 자가 되어 이름을 날린다.
그러나 짧은 훈련기간이 끝나고
영원의 문이 열릴 때
그들은 어두운 곳으로 떨어진다.
이 땅에서 헤아릴 수 없는 고통을 겪기 전까지
그들은 동물의 마음을 벗을 수 없다.

이 단계에 있는 사람들은
아무리 종교행위에 몰두해도
참 신앙이 무엇인지 알지 못한다.
이들은 많은 악의 충동을 가지고 있으나
징벌이 두려워서 사람의 이목이 두려워서
체면 때문에 법을 지킨다.
이 세계는 법과 정의가 없으면 유지될 수 없다.
이들은 영혼이 발달하지 않아
양심의 기능이 약하므로
자기 내부의 법을 알지 못하고
외부의 압제만을 두려워한다.
성경에서 이 상태는 애굽이라고 표현된다.

두 번째의 영역은 인간적인 영역이다.
이들은 동물의 영역을 어느 정도 벗어났다.
그러나 아주 벗어난 것은 아니다.
그들은 육욕을 즐기는 것이 왠지 어색하다.
그들의 특성은 합리성이다.
이들은 본능적인 사람을 비웃지만
자기들 안에도 그러한 본능이 있음을 괴로워한다.
이들은 옳고 그른 것을 따지기를 좋아하며
불합리한 일을 겪으면 견딜 수 없다.

이들은 회의하기 시작하며
의문을 갖고 의미를 찾기 시작한다.
물질적인 성공에 대하여 행복에 대하여
그들은 의문을 갖기 시작한다.
그러나 이들은 중간 단계이다.
육체에 대하여 고민하지만
아직 영이 열리지는 않았다.
정욕에 대하여 괴로워 하지만
그로부터 자유롭지는 못하다.
자연인은 아무 생각 없이
본능을 즐거워하지만
이들은 괴로워하면서도
욕망에서 벗어나지 못하며
악습을 반복한다.

이들도 아직 사랑할 수 없으며
이들의 생각하는 사랑은 조건부 사랑이다.
동물적 영역의 사람들은 고민 없이 단순하게 살지만
이들은 많은 생각에 시달리며
피곤하고 복잡하게 산다.
때가 되면 그는 많은 고통을 경험하고
논리의 한계를 경험하며

자기가 옳지 않음을 알게 된다.
자기에게 지혜가 없음을, 사랑이 없음을 깨닫게 된다.
비로소 그는 은총의 필요성을 느끼게 된다.
그리고 그는 새로운 세계로 들어가게 된다.

이들에게 진리를 가르칠 수는 있다.
그들은 많은 것들을 이해할 수 있다.
또 남을 가르칠 수도 있다.
그러나 그들은 진리를 체험하지는 못하며
진리의 삶을 살지는 못한다.
많은 고뇌와 실패를 통해서만
그들은 새 차원이 열릴 수 있다.
성경에서 이 영역은 광야라고 표현된다.

세 번째 영역은 신의 영역이며
곧 사랑의 영역이다.
그들은 영혼의 눈이 열리기 시작한다.
그들은 점차
사람을 육체가 아닌 순수한 영혼으로서 인식하게 된다.
점차 그들은 사람을 외모로서 보지 않고
지위나 학벌, 외적 조건으로 인식하지 않고
영혼의 수준, 상태로 분별하게 된다.

그들은 점차 사람의 마음을 느끼고 분별하며
사람들 속의 감추어진 동기를 느낄 수 있게 된다.
그들은 외부의 법이 아니라
자기 영혼 속의 법을 두려워한다.
점차로 그는 남에게 대접받고 인정받는 것에
고통을 느끼게 되며
사람을 사랑하고 섬기는 것이 그의 기쁨이 된다.
그는 차츰 미워하는 것이 어려우며
원망하는 것이 힘들어진다.
자연계에 속한 사람들은
남에게 많은 고통을 주고도 알지 못하며
남이 그에게 행한 사소한 잘못을 두고두고 원망하지만
그는 남에게 많은 것을 베풀고도
미안해하고 또 죄송해한다.
그는 작은 친절에 감사하고 감격하며
하늘은 이런 자에게 한량없는 은총을 허락한다.

이들은 점점 물질에 대하여 소유에 대하여
자유로워진다.
그들은 보이는 것에서 행복이 오지 않음을 알고 있다.
눈에 보이는 성취가 참 만족을
주지 않음을 그들은 안다.

그러므로 성공의 집념에 목 타는 이들을
이들은 불쌍히 여기며
살벌한 경쟁의 세계에서
이들은 한 걸음 물러선다.
이들은 약자와 가난한 자 병든 자에게 애정을 느끼며
유능하고 강한 자에게 별 매력을 느끼지 않는다.
그는 모든 사람이 하나이며
온 우주가 하나이며
모두 한 창조자의 작품으로서
서로 사랑하기 위하여 만들어졌음을 느낀다.
설교하기보다
그들은 사랑하는 것을 좋아하며
가르치는 것보다
삶을 나누는 것을 좋아한다.
약한 자를 보았을 때 그들은
하나님 아버지의 마음을 느끼며
그들을 위로하는 통로가 되고 싶어 한다.

이 세계에 속한 자들은
이 세상에 사는 것이 쉽지 않다.
그는 약자와 어린 자를 볼 때 긍휼을 느끼며
남의 부탁을 거절하지 못한다.

그는 배우자에게 또는 부모에게
항상 야단을 맞는다.
그는 영악하지 못하며
자신의 이득을 챙기지 못한다.
자기의 권리를 지키지 못하며
주는 것을 좋아하며
남에게 받는 것을 부담스러워한다.
그는 유명해지는 것을 원치 않으며
드러나는 것을 싫어한다.
그는 위대함보다 따뜻함을 좋아하며
소박한 아름다움을 즐긴다.

그는 하나님을 사랑하고 예배하며
사람들을 좋아하며 함께 있는 것을 즐긴다.
자연의 흐름과 조화를 이루며
투쟁하지 않고 평화롭다.
그는 하늘의 영역에 속한 사람이나
이 땅에서 사람들은 그를 괴롭힌다.
그의 영악하지 않음을 인하여
부모는 그를 닦달한다.
그러나 짧은 훈련의 기간이 끝나면
이들은 빛의 세계, 사랑의 나라로 돌아가게 되며

영원히 섬기며 사는 것에 행복을 느낀다.
이 세계는 성경에서 가나안이라 표현된다.
열린 눈으로 성경을 보면
성경은 영혼의 성장을 가르치는 책인 것을 알게 된다.

첫 번째 영역은 약육강식의 세계이며
이 세계의 원리는 힘, 능력이다.
두 번째의 영역은 합리적인 세계이며
이 세계의 원리는 지혜와 지식, 깨달음이다.
세 번째의 영역은 은혜, 은총의 세계이며
이 세계의 원리는 사랑과 은혜이다.
첫 영역의 사람은 능력을 구하고
둘째 영역의 사람은 지식을 구하며
셋째 영역의 사람은 사랑을 구한다.

우리가 사람의 상태를 분별할 수 있을 때
적절하게 사람을 도울 수 있다.
돼지에게 진주를 주어서는 안 되며
사람에게 돼지먹이를 주어서도 안 된다.
각 사람에 맞게 우리는 그들을 사랑하며
그들의 성장을 도와야 한다.

사람은 영적 성장을 위하여 이 땅에서 훈련받는 것
이 땅에서는 외모와 지위와 학벌과 돈으로
사람을 판단하나
영원한 곳에서는 그 사람의 영격을 볼뿐이다.
영혼과 성품에서 악취가 날 때
그는 가장 비참한 처지에 빠지게 된다.
아직 이 땅에 있을 때
사랑을 훈련하고
성장해 갈 수 있도록
우리는 사람을 분별하고 도와야 한다.
그것이 우리의 가는 길이며
삶의 목적인 것이다.

# 깨어짐의 이유

누군가가 묻는다.
성장을 위하여
왜 고통과 깨어짐이 필요한가요.
죽음을 통과하지 않고는 성장할 수 없나요.

옛 생명이 죽지 않고는
결코 새 생명을 경험할 수 없다.
계란의 껍질의 깨어짐 없이
결코 병아리의 생명은 탄생하지 못한다.
고통과 아픔은 옛 생명의 죽음의 과정이며
환희와 영광이 가득한 새 생명의 탄생의 시작이다.
아기는 새 세계의 진입이 두려워
울면서 태어나지만
새 세계의 엄마, 아빠는 기쁨으로, 감동으로
그를 맞는다.

옛 생명이 가득한 자, 고난을 알지 못하는 자에게
진리를 설명해 보라.

그는 비웃으며 듣지 않으며
아무 것도 깨닫지 못한다.
죽음의 자리에서 고통의 자리에서
그에게 진리를 가르치라.
옛 생명이 고통 받은 만큼 그의 영은 열어져
이제 그는 많은 것을 이해할 수 있다.

얼음과 물과 수증기는 같은 성분
그러나 유동성은 엄청나게 다르다.
얼음은 경직되어 깨어지지 않는 한 움직이지 않으며
물은 그보다 자유롭다.
모든 물은 어디에 있든지 흐르며
그 주위를 적신다.
모든 물은 자유로워
어느 그릇에 들어가든 그 모양이 된다.
수증기는 물보다 더 자유롭다.
물은 땅에서 움직일 뿐이지만
그는 승천하여 날아오를 수도 있다.
그는 높은 곳에서 구름이 되고 비가 되어
다시 이 땅으로 돌아올 수도 있다.

깨어짐은 사람의 영혼을 자유롭게 한다.

깨어짐이 없을 때
그는 몹시 이기적이며
남의 마음을 도무지 이해하지 못한다.
그러나 깨어짐을 통과할수록
그는 자유롭다.
그의 영혼은 수증기처럼 자유롭게
사람의 마음에 드나들 수 있으며
물처럼 사람의 마음을 적신다.
그는 사람의 마음을 쉽게 열며
자신의 마음도 쉽게 열 수 있다.

당신은 지금 얼음과 같은가.
아직 경직되어 있으며
사랑하기가 어려운가.
자유롭게 울고 웃을 수 없으며
사람들에게 미소를 보내기가 어려운가.
아직 사랑을 표현하기 어려우며
사랑의 표현에 닭살이 오르는가.
감사를 표현하기 어려우며
보고 싶다고 말하기가 어려운가.
용서를 빌기가 어려우며
사람의 마음을 위로할 수 없는가.

다른 사람의 영혼과 교류할 수 없으며
나는 혼자뿐이다 라고 느끼는가.
자기 한계에 부딪혔을 때
하나님의 음성을 듣는 것이 어렵게 느껴지는가.
자연 속에 사랑이 가득 차 있는 것을 느끼기 어려운가.
온 세상에 지혜가 충만한 것을 느낄 수 없는가.

자유롭고 충만한 삶을 위하여
깨어짐을 사모하라.
참으로 인간을 사랑하기 위하여
깨어짐을 사모하라.
진정 만족된 삶을 위하여
행복한 삶을 위하여
지혜로운 삶을 위하여
깨어짐을 사모하라.
깨어짐은 당신의 영혼을 열고
새로운 생명이 탄생하게 한다.
깨어질수록 당신은 자유로워지며
새로운 인생을 경험하게 된다.

깨어짐을 위하여 진리를 위하여
산으로 들어가지 말라.

당신의 가족 중에도 당신의 상사 중에도
당신을 깨뜨릴 사람은 수없이 많다.
등록금도 없이 공짜로
그들을 통하여 깨어지라.
신이 당신의 삶에 허용한 고난을
피해서 도망치지 말라.
당신은 결코 달아날 수 없으며
아까운 시간만을 낭비하게 된다.
당신이 아직도 깨어지지 않는다면
좀 더 강한 삶의 망치가 당신을 기다리고 있다.
그러므로 인생의 흐름과 싸우지 말고
그것과 조화되는 것을 배우라.

모든 고난이 당시에는 힘들어 보여도
모든 깨어짐이 당시에는 저주와 같이 보여도
실상 그것은 축복이며
진정한 은총을 여는 도구이다.
지혜를 아는 자는 이 깨어짐을 사모한다.
인생은 깨어짐과 성장을 위하여 존재하는 것
오늘도 우리는 더 나은 삶을 위하여
은총을 향한 여행을 계속해야 하는 것이다.

# 둔감함

감정이 둔한 자는 불행하다.
그는 깊은 삶을 즐길 수 없다.
많은 것들을 보고 들어도
그는 별로 느낌이 없다.

100명의 여자가 사랑한다는 말을 들어도
그들의 느낌은 모두 다르다.
어떤 이는 깊은 행복감을 느끼나
어떤 이는 웃기지 말라고 말한다.
달이 아름답다고 말하면
그는 그게 무슨 상관이냐고 묻는다.
고향을 말하며 우는 사람에게
그는 눈이 아프냐고 묻는다.

그들은 감정이 둔하다.
그들은 배가 고픈 것과 몸이 아픈 것 외에는
고통을 잘 모른다.
대화를 해도

마음을 나누지 못한다.
이들은 비교적 출세를 잘 하지만
별로 행복하지 않다.
이들은 그리움이 무엇인지 사랑이 무엇인지
잘 알지 못한다.
사실 이들은 불행하지만
자기가 불행한 지도 모른다.

# 황혼

홀어머니를 둔 어린 아들이 있다.
그의 어머니는 밤늦게 일을 마치고 돌아온다.
이 아이는 하루 종일 놀이터에서 친구들과 논다.

저녁이 되어 땅거미가 지면
아이들의 엄마들이 아이들을 부른다.
얘들아. 그만 놀고 집에 들어와라. 밥 먹어라.
친구들은 모두 집에 가고 그는 혼자 남는다.
그는 갈 곳이 없다.
집에는 밥도 없고 엄마도 없다.
엄마는 왜 안 오실까.
황혼이 내린 텅 빈 놀이터에서
그는 혼자 서 있다.

인생의 황혼이 내릴 때
당신은 어디에 있는가.
친구들이 다 떠나버린
텅 빈 놀이터는 아닌가.

혼자 남아있는 것은 아닌가.
이제 집으로 돌아갈 때가 되었는데
당신은 갈 곳이 있는가.
당신 옆에는 누가 있는가.
당신을 기다리는 자가 있는가.

# 기한

천하의 모든 것은 때가 있으며
모든 목적이 이루어질 때가 있다.
날 때가 있으며 죽을 때가 있으며
심을 때가 있고 뽑을 때가 있다.
울 때가 있고 웃을 때가 있으며
지킬 때가 있고 버릴 때가 있다.
사랑할 때가 있고 미워할 때가 있으며
전쟁할 때가 있고 평화할 때가 있다.
이 모든 것들은 자기의 때가 될 때 아름답게 된다.
인생은 모든 것이 완전하지 않으며
항상 산과 골짜기가 있는 것
그러므로 사람은 영원을 사모하게 되는 것이다.

(전도서3장 1절-11절)

# 성향

건강한 사람에게 의사가 말한다.
선생님께는 이런 음식이 좋습니다.
그는 대답한다.
어쩌면.. 제가 좋아하는 음식만 말씀하시네요.
아픈 사람에게 의사가 말한다.
선생님은 이런 음식을 드십시오.
그도 대답한다.
왜.. 꼭 제가 싫어하는 것만 먹으라고 그러세요.

자신이 좋아한다고 해서
그것이 다 좋은 것은 아니다.
나쁜 것을 좋아할 수도 있다.
그러나 그 나쁜 것은 자신에게 순간의 즐거움은 주지만
결국 자신을 파괴하며 해를 끼친다.
유익한 것을 좋아하면 몸에 이로우나
해로운 것을 즐기면 그 대가를 지불해야 한다.

어떤 이는 칭찬을 즐기고

어떤 이는 비난을 즐긴다.
어떤 이는 바른 말을 즐기고
어떤 이는 비뚤어진 말을 좋아한다.
남의 성공을 기뻐하는 이도 있고
배가 아파서 도무지 못 견디는 사람도 있다.
선한 사람을 좋아하는 이도 있으며
선한 사람을 보면 뱃이 뒤틀리고
기분이 나빠지는 사람도 있다.
부드러운 말을 즐기는 사람도 있고
그런 것을 다 위선으로 보는 사람도 있다.
어떤 이는 선에서 기쁨을 찾으나
어떤 이는 악에서 기쁨을 얻는다.
사람은 살아가면서
천국이나 지옥 어느 한쪽으로 가까워진다.

천국은 의로움을 사랑하고
지옥은 불의를 사랑한다.
천국은 용서를 기뻐하나
지옥은 복수를 즐거워한다.
천국은 순결한 사랑을
지옥은 더러움과 음란을 쾌락으로 삼는다.
사랑과 선을 즐기는 것은

자기의 영혼을 위하며 천국을 형성하는 것이며
미움과 악을 즐기는 것은
자기의 영혼을 파괴하며 지옥을 만들어 가는 것이다.
천국과 지옥은 어느 한순간 결정되는 것이 아니라
서서히 전 인생을 통하여 만들어져 가는 것이다.
영혼이 발전해 갈수록
그는 어두움의 일을 싫어하며
빛을 기뻐하는 자로 변화되어 간다.
그는 이 땅에 살면서도
천국의 기쁨을 맛보게 되는 것이다.

## 외면과 내면

예수 그리스도께서 예루살렘으로 들어가셨다.
거기에는 매우 화려하고 아름다운 성전이 있었다.
제자들이 그에게 말했다.
선생님. 이 건물을 보십시오.
정말 아름답지 않습니까.
예수는 말씀하셨다.
너희는 바깥의 아름다움만을 보느냐.
그 종말을 보지 못하느냐.
보라. 앞으로 때가 올 터인데
돌 하나도 돌 위에 남지 않고
다 무너지게 될 것이다.
모든 이들이 그 외면의 아름다움에 취하여 있을 때
그는 그 멸망의 날을 보고 우셨다.

# 내면의 소리

예쁜 아가씨가 길을 걷는다.
걷는 중에 가방에서 핸드폰이 울린다.
그녀는 얼른 가방을 열고 수다를 시작한다.

이 아가씨야.
그대는 핸드폰의 소리에는 민감하지만
바깥의 소리
세상의 소리에는 민감하지만
그대의 내면의 음성은 잘 듣고 있는가.
양심의 소리, 영혼의 소리
하늘의 음성을 듣고 있는가.
그대를 향해서 걸어오는 운명의 발자국 소리에
귀를 기울이고 있는가.

# 악역

모든 생물은 성장을 위해서 빛과 어두움이 필요하다.
성장을 위해서 낮과 밤이 필요하다.
행복과 고통이 필요하다.
위로와 상처가 필요하다.
사랑 없이 자란 사람도 온전하지 않으며
상처 없이 자란 사람도 건강하지 않다.
영혼의 성장을 위해서
어떤 이들은 선한 역을 맡아서 사랑을 공급하며
어떤 이들은 악역을 맡아서 고통과 상처를 공급한다.
영혼이 성장한 이들은 축복과 사랑의 역할을 맡으며
영혼이 어린 자들은 상처와 억압의 사명을 맡는다.
둘 다 영혼의 성장을 돕지만
악역의 사람들은
언젠가 자기가 심었던 것들을 받는다.

# 무지

하늘이여 들으라.
땅이여 귀를 기울이라.
하나님께서 말씀하신다.
내가 자식을 양육하였으나
그들이 나를 거역하였다.
소도 그 임자를 알고
나귀도 주인의 구유를 알건마는
사람은 알지 못하고 깨닫지 못한다고 말씀하신다.
슬프다.
그들이 거룩한 자를 버리고 물러갔다.
그들은 매를 맞으면서도 깨닫지 못한다.
온 머리는 병들었고 온 마음은 피곤하며
온 땅이 황무해도
사람들에게 시련을 겪어도
그들은 돌아오지 않는다.

(이사야1장 2절 - 8절)

## 부메랑

작은 세숫대야에 물을 담는다.
그리고 거기에 작은 물결을 일으켜 보라.
그 물결은 세숫대야 끝까지 갔다가
다시 돌아온다.
지구는 조금 부피가 클 뿐
이 세숫대야와 같다.
그러므로 우리가 일으키는 어떠한 물결도
다시 우리에게로 돌아온다.
조금 시간이 걸릴 뿐.
미움도 사랑도 아주 조그만 사랑의 행위도 불친절도
우리의 기억에는 사라져도
이 우주 안에서는 아무 것도 사라지지 않는다.

인생이란 바로 심고 거두는 것
지금 우리가 겪고 있는 것들은
언젠가 우리가 심었던 것들이다.
반성하지 않고 원망하는 자들은
결코 그 영향력에서 벗어날 수 없으며

그에게 주어진 고통의 시간을
조금 더 연장해 갈 뿐이다.
재앙의 부메랑을 피하기 위하여
당신에게 주어진 오늘의 순간들을
친절과 섬김과 사랑으로 살라.
무례한 대접과 억울한 누명을 비통해 하지 말며
겸손과 반성으로 자신을 돌아보고
조용히 이 시련의 때를 넘기라.
머지않아 다가올 당신의 아름다운 나날을 위하여
오늘 사랑의 씨앗을 심으라.
세월은 흐르고
기억은 희미해져도
어느 날 당신은 그 열매를 먹게 되리라.

# 중심

모든 만물은 중심이 있다.
달은 지구를, 지구는 태양을 중심으로 돈다.
태양은 또 다른 중심을, 모든 별들은
어떤 중심점을 향하여 돈다.
모든 작은 세포들도 원자도
중심의 양자를 향하여 전자들이 돌고 있다.
이것은 우주에 중심이 있으며
우주 안에 주권자가 있음을 보여준다.
이 중심을 발견하지 못할 때
인생은 고달프고
안식과 자유를 얻지 못한다.

## 부부의 행복

행복한 부부 관계는 그들 영혼의 나이에 달려있다.
남편이 20세 이상의 성인이고
아내가 3-4세의 아기 일 때
아내가 칭얼거리면 남편은 그녀를 업어주고 달랜다.
그들 부부는 별 문제없이 잘 살게 된다.
그러나 아내는 성장할 수 있지만
남편은 성장이 어려우며 고독하게 산다.

남편이 3-4세의 아기이고
아내가 20세 이상의 성인일 때
그녀는 남편이 투정할 때마다 안아주고 과자를 사 준다.
그들 부부도 별 문제없이 산다.
남편은 대체로 행복하지만
아내는 마음 속 깊은 곳이 허무하다.

부부가 둘이 다 3-4세 7-8세의 나이라면
항상 싸우며 불행한 삶을 산다.
부부가 둘 다 성인이라면

그들은 서로 사랑하며 천국에서 산다.
그러나 이런 가정은 드물다.
어린 영혼은 자기 밖에 모르며
상대를 이용하고 섬김 받기를 원한다.
그는 상대가 없으면 살기가 힘들기 때문에
상대로부터 떨어지기를 싫어하고
그것을 사랑이라고 생각한다.
그러나 어린 영혼은 사실 사랑이 무엇인지도 모르며
그가 진정 사랑하는 것은 자신의 느낌, 자신의 감정,
오직 자신뿐이다.
영혼이 자란 사람은 다른 사람을
섬기는 데서 만족을 얻으며
베풀고 사랑하기를 좋아한다.
그러나 어린 영혼은 남을 섬기고 순복하는 삶을
몹시 고통스러워한다.

부부생활은 대화를 많이 한다고 친밀해지거나
모든 오해가 풀리는 것은 아니다.
영의 성숙 수준이 다르면 아무리 많은 이야기를 해도
전혀 통하지 않는다.
그들은 서로 다른 세계에서 살고 있기 때문이다.
대화에는 기술이 필요하며 섬김의 자세가 필요하다.

어떤 이들은 대화를 나눌수록 서로 기쁨을 얻지만
어떤 이들은 대화를 나눌수록 분쟁이 생기기도 한다.
영적 유아들은 상대방의 이야기를 듣지 않으며
오직 자기주장과 자기변호를 할 뿐이다.
그러므로 이들과는 대화가 가능하지 않으며
조금 성장한 사람은
이러한 이들을 받아주고 놀아주어야 한다.

행복한 부부 생활을 위해서
진정 영적 성숙이 필요하다.
젊은이들이 상대의 멋진 외모, 재산, 학벌 등에
눈이 가려져서
영적 유아를 배우자로 선택하는 것은
실로 안타까운 일이다.
그들이 상대를 바로 보지 못하는 것은
그들도 어리기 때문이다.
그들은 그 선택의 결과로 많은 대가를
지불하게 될 것이며
그것을 통하여 성장해가게 되는 것이다.

# 자녀 관계


행복한 부모, 자녀 관계도 영혼의 나이에 달려있다.
부모 영혼의 나이가 20세 이상의 성인이라면
부모는 자녀를 양육할 수 있으며 둘 다 행복하다.
둘 다 어리면 이것은 비극이다.
부모가 어리고 자녀가 성숙해 있다면
별 분쟁은 생기지 않지만
자녀는 잿빛 가득한 어린 시절을 보내게 된다.

어린 부모는 자식을 압제하며 억압한다.
그들 자신의 가치관과 철학을 강요한다.
그들이 사랑이라고 믿는 방식으로 자녀를 괴롭힌다.
어린 부모는 자녀의 특질과 사명을 발견하지 못하며
그저 자녀가 세상에서 출세하도록 가르친다.
그들은 자녀들이 세상의 경쟁에서 승리하기를 기대하며
낮고 세상적인 가치관을 자녀에게 주입시킨다.
세월이 흐른 후에 그들은 그들에 대한 자녀의 냉담함에
울부짖으며
이놈아, 내가 너를 어떻게 키웠는데..

네가 이럴 수가.. 하고 말한다.
그러나 그들은 부모에게서
따뜻함을 별로 느껴보지 못한다.
부모가 닦달할수록 자녀는 고통을 느끼며
의무감으로 그들을 대하게 된다.
영혼이 어린 사람이 결혼을 하고 부모가 된다는 것은
실로 무서운 일이다.
그러나 많은 사람이 겁도 없이
인생도 사람도 삶도 모르고
그렇게 뛰어든다.
그들은 많은 재앙을 경험한 후에야 비로소
자신의 무지를 깨닫게 된다.

성숙한 부모 밑에서 자라는 것은
진정 놀라운 축복이다.
그들은 어릴 적부터 사랑을 배우며 섬김을 배우며
이기심을 버리고 인생의 목적을 배운다.
그들은 부모의 모본을 따라
범사에 감사하는 것과 인내하는 것,
사랑하는 것, 신을 예배하는 것을 배운다.
그들은 가정이 천국이며
행복의 둥지인 것을 경험하고 배운다.

그들은 어떤 어려움도
서로 의지하고 사랑하며 헤쳐 나가는 것을 배운다.

영혼이 어려서 자식의 마음을 알지
못하는 것은 비극이다.
영혼이 어려서 자녀의 십자가가 되는 부모는 비극이다.
많은 부모들이 말한다.
어떻게 내 속에서 저런 것이 나왔지.
왜 저런 게 나와서 속을 썩일까.
영혼이 조금 자라면 당신은 알게 될 것이다.
그 자식은 당신의 감추어진 모습을 보여주며
당신을 깨우치기 위하여
그런 희생의 역할을 감당할 수밖에 없음을
그들은 진정한 희생자이며
당신이 변화될 때까지
그러한 모습을 가질 수밖에 없음을.
인생의 전반기는 부모의 처리되지 않은
성품을 짊어져야 하며
인생의 중반기에 이르러서야
자식은 비로소 자신의 고유한 영혼을 찾아가게 됨을
당신은 이해할 수 있을 것이다.

영혼이 성숙하지 않을 때
그는 결코 행복할 수 없다.
그는 결코 행복한 가정을 꾸밀 수 없다.
결코 좋은 부모도 될 수 없다.
아무리 돈을 벌고 출세하고 집을 사고
많은 것을 소유해도
그는 결코 행복하지 않다.
그의 속은 날마다 뒤집어질 것이며
날마다 속상하고 미운 사람이 있을 것이다.
행복과 지혜는 하늘에서, 영계에서 오는 것이며
이 땅과 환경에서 오는 것이 아니기 때문이다.

행복한 가정을 위하여
행복한 부모가 되기 위하여
영적 성숙을 사모하라, 사모하라, 사모하라.
성숙과 지혜는 하늘에서 오며
구하는 자에게 결코 거절하지 않는다.

# 진정한 섬김

어떤 영리한 부인이 있었다. 그녀는 많은 예배에서 설교하고 가르침을 전했다. 그녀는 찬양에도 재능이 있었다. 그녀는 많은 예배에서 찬양을 했다.

그녀는 몹시 가난했다. 그녀는 돈을 벌기 위하여 간병인의 일을 했다.

그녀는 환자의 대소변을 치우며 일을 했다. 그녀는 일에 바빠 가르치고 찬양을 할 수가 없었다.

어느 날 그녀는 울부짖었다.

오, 주님.. 당신께 영광을 돌려드려야 하는 데 이까짓 대소변이나 치우고 있어야 하다니요!

그날 밤 꿈속에서 주님이 말씀하셨다.

내 딸아.

네가 대소변을 치우는 것이

네가 여태껏 했던 그 어떤 설교와 찬양보다도

나를 기쁘게 한단다.

주님이 받으시는 것은 단순한 사랑과 섬김이며
사람들의 앞에서 드러나는 것이 아니다.

## 고향

사람의 몸은 흙에서, 자연에서 왔으며
사람의 영혼은 영계에서 왔다.
그러므로 우리 몸은 자연을 접촉할 때
고향에 온 것처럼 편안해진다.
영계는 사랑의 장소이다.
그러므로 우리의 영혼은 사랑을 경험할 때마다
고향에 돌아온 듯이 행복해진다.
자연을 몸을 편안하게 하고
사랑은 영혼을 풍성하게 하며
우리를 좀 더 고향에 가까운 사람으로
돌아가게 해주는 것이다.

# 열매

우리의 몸은 흙에서 왔다.
때가 되면 다시 흙으로 돌아간다.
오래 전에 우리의 몸은 흙이었으며
사람과 동물은 우리를 밟고 다녔다.
우리는 하늘의 비를 흡수하여
나무와 꽃들에게 양분을 주고 그들이 자라도록 도왔다.

때가 되면 우리의 영혼은 하늘의 본향으로 가고
우리의 육체는 다시 흙이 되어
식물이 자라도록, 열매를 맺도록 도울 것이다.
아직 우리의 몸이 이 세상에 있는 동안에
우리는 하늘의 은총과 빛을 흡수하여
아름다운 사랑의 열매를 맺고
사람들을 사랑하고 섬겨야 하는 것이다.

# 천국과 지옥

행복은 영혼의 상태이며
결코 환경이나 물질이나 외적 조건이 아니다.
영혼이 성장할수록
그는 빛의 영계와 가까워지며
그의 영혼은 활짝 열려
사랑의 빛과 기쁨의 빛과 지혜의 빛을
많이 받아들일 수 있다.

영혼이 어려서 육체 중심으로 사는 사람은
영혼의 문이 닫혀 있어서
거의 빛을 받기가 어려우며
누군가가 애를 써서 빛을 공급해도
그는 쉽게 그것을 상실해버린다.
그는 물질과 자기 입장과 권리를
지키는 데는 열심이지만
마음의 평화를 지키는 데는 너무나 소홀하다.
그는 생명의 근원을 알지 못하며
그림자와 찌꺼기에 많은 관심을 가진다.

영혼이 어린 사람은
어떤 환경 어떤 곳에 가도 지옥같이 산다.
아무리 평화로운 곳에 가도 그는 원망거리를 발견하며
아무리 친절하게 대해줘도 그는 상처를 받는다.
영혼이 발전한 사람은
자기 안에 천국을 소유하고 있어
어느 곳에 있든지 그 빛을 확장시킨다.
그는 어디에서나 은총과 사랑을 발견하며
마음의 평화를 잃어버리지 않는다.

# 인력

바닷가에서 파도가 친다.
파도는 끊임없이 강한 힘으로
밀려왔다가 밀려간다.
겉보기에는 그가 스스로 움직이는 듯이 보이지만
사실은 멀리 있는 달의 인력에 의해서 움직인다.
이와 같이 사람도
겉보기에는 스스로 움직이는 것 같으나
전능하신 자의 능력에 의하여
숨을 쉬고 움직여지는 것이다.

# 인생의 목적

인간은 사랑하기 위하여 만들어졌다.
그러므로 사랑하지 않는 자들은
가장 비참한 자들이다.
그가 아무리 많은 지식을 가지고 있어도
아무리 많은 재능을 가지고 있어도
아무리 유명하고 성공했어도
사랑할 줄 모른다면
그는 진정한 실패자다.
인생의 황혼이 오고
늙고 병들어
주위에 아무도 없을 때
그는 비로소 자신의 비극을 깨달으나
그 때는 너무나 늦다.

아직 기회가 있을 때
사람들을 사랑하라.
아직 시간이 있을 때
사람들의 손을 잡아주라.

당신의 주위에 아직 사람들이 남아있다면
그들의 이야기에 귀를 기울이라.
황혼이 오기 전에
말할 수 있고 들을 수 있을 때
말하고 듣고 사랑하고 포옹하라.
조용히 그들의 눈을 들여다보며
당신이 내게 얼마나 귀한 존재인지
그 때 당신이 내게 해준 말이
내게 얼마나 위로가 되었는지
당신으로 인하여
나의 삶이 얼마나 힘을 얻고 있는지
부드럽게, 따뜻하게 말하라.

삶은 지나가고
다시 오지 않는다.
날이 어두워지고
주위에 아무도 없을 때
당신은 추억으로 인하여 행복할 것이다.
그리고 짧은 교육기간이 끝나고
고향으로 돌아가는 여행길에서
당신은 그리운 사람들을 생각하며
행복한 미소와 함께

즐거운 여행을 떠날 것이다.
인생은 사랑, 사랑은 인생
우리는 사랑을 배우기 위하여
이곳에 존재한다.
영원히 행복한 아름다운 삶을 위하여
오늘도 내일도
마음을 나누고 아픔을 나누며
우리는 함께
사랑을 위하여
걸어가야 하는 것이다.

# 은혜의 비

하늘에서 비가 내려도
땅바닥이 아스팔트이면
빗물은 스며들지 않는다.
마찬가지로
하늘에서 은혜의 비가 내려도
열려지지 않은 굳고 강퍅한 마음은
은혜의 빗물을 흡수할 수 없다.

빗물은 경사를 따라 흘러 내려간다.
그러다가 구멍이나 갈라진 틈을 발견하면
그리로 스며들어간다.
이와 같이 강퍅한 영혼도
인생에서 상처와 구멍이 생기면
은혜의 비를 받아들일 수 있는
흡수력이 생기는 것이다.

친구여
당신의 삶에 구멍이 생길 때

당신의 마음에 상처가 생길 때
억지로 그것을
메우려 하지 말라
그것을 미워하고
그것을 피하여
도망하지 말라.
그 구멍을 내버려두라.
그 아픔을 혼자 있게 두라.
그리고
어둠 속에서 조용히 기다리라
그 구멍을 통하여
은혜의 비가 흘러 들어올 때까지
그저 조용히 있으라
고통의 구멍은
은혜의 비로 채워지고
당신은 주의 사랑으로 채워지리라
그리고 거기에서부터
당신의 천국은 시작되리라.

## 수면

잠은 육체의 휴식을 위해서 자는 것이라고 한다.
그러나 잠을 자는 동안 별로 쉬고 있는 것은 없다.
호흡도 계속되며
맥박도 계속된다.
소화도 계속되며
피의 순환도, 각종 신진대사도 여전히 진행된다.
오직 쉬는 것이 있다면 의식의 중단이다.
사람의 대부분의 재앙은 생각에서 나오며
의식이 쉴 때 사람은 진정 휴식과 재충전이 가능해진다.

잠을 자는 것은 영혼의 여행이다.
의식이 쉬는 동안 잠시 영혼은 영의 세계로 돌아가
영계의 에너지를 받는다.
사람은 영계에서 끊임없이 에너지를 받아야
생명을 유지할 수 있으며
그러므로 먹지 않는 것, 그 어떤 고통보다
잠들지 못하는 것만큼의 고통은 없다.

생각을 잠잠하게 하라.
생각이 주권자에게 복종하게 하고
제멋대로 움직이도록 내버려두지 말라.
생각을 다스릴 수 있을 때
쉽게 잠들 수 있으며
바른 휴식을 취할 수 있다.
그러나 생각을 다스리지 못하는 사람은
깊이 잠들 수 없으며
잠을 자도 항상 피곤하며
근심과 걱정에서 벗어나지 못한다.
당신의 의식, 당신의 뇌가
잠잠함과 순복 가운데 거하게 하라.
당신은 깊은 수면을 취하며
깊은 안식과 편안함을
맛볼 수 있을 것이다.

# 참된 행복

마음이 가난한 자는 행복하다.
그는 천국을 소유할 것이다.
애통하는 자는 행복하다.
그는 위로를 받을 것이다.
온유한 자는 행복하다.
그는 땅을 기업으로 받을 것이다.
의에 주리고 목마른 자는 행복하다.
그들은 배부르게 될 것이다.
마음이 깨끗한 자는 행복하다.
그들은 하나님을 볼 것이다.
불쌍하게 여기는 자들은 행복하다.
그들은 불쌍히 여김을 받게 될 것이다.
화평케 하는 자들은 행복하다.
그들은 하나님의 아들이라 일컬음을 받게 될 것이다.
의를 위하여 괴롭힘을 당하는 자는 행복하다.
그들은 천국을 소유하게 될 것이다.
그러므로 기뻐하고 즐거워하라.
하늘에서 너희의 상이 클 것이다. (마태복음5: 3- 12)

# 억울함


병으로 몸이 아프신 할머니를 위해서 기도한다.
한참을 기도하는 데
갑자기 힘없이 누워있던 할머니가
벽력같은 고함을 지른다.
억울하다..!
같이 기도하던 우리들은 놀란다.
연약한 그 할머니가 내 팔을 꽉 잡는 데
어찌나 힘이 센지
팔이 부서질 정도로 아프다.
그는 자기가 죽은 친척이라고 억울하다고 난리를 친다.
소란 끝에 그는 떠나고
할머니는 많이 회복되셨다.


그게 귀신인지 뭔지 나는 모른다.
분명한 것은 그는 악한 존재라는 것이다.
또 한 가지 더 분명한 것은
악한 영은 사람 속에서 말할 때
항상 억울하다! 라고 외친다는 것이다.

어떤 사람이 억울해하고 원통해할 때
그는 어둠의 세계와 연결된다.
어떤 사람이 감사해하고 또 감사할 때
그는 빛의 세계와 연결된다.
억울하고 서운한 마음이
살그머니 당신 속으로 들어올 때
결코 그 생각을 받아들이지 말라.
그것은 당신의 생각이 아니며
악한 영이 당신을 소유하려는 술수에 불과하다.
그들은 당신이 억울한 이유를
용서 못할 이유를
계속 분노하고 한을 품을 이유를 설명하겠지만
부디 그들의 이야기를 듣지 말라.

당신의 영혼을 아름답게 지키라.
감사할 일들을 생각하라.
행복했던 순간을 기억하라.
사랑의 기억을 더듬으라.
그리고 하나님을 바라보라.
하늘을 바라볼 때
당신의 영혼에는 빛들이 쏟아져 들어오며
당신은 다시금 행복해질 수 있을 것이다.

# 악한 즐거움

악에도, 죄에도 즐거움이 있다.
많은 사람들이 그 악의 즐거움을 즐긴다.
복수에는 쾌감이 있으며
험담과 비난도 어느 정도 사람의 본능을 만족시킨다.
사람들은 악을 즐기며
하지 말라는 것을 하는 것을 기쁨이라고 하며
훔쳐 먹는 사과가 맛이 있다고 한다.
마약이든 식탐이든 불륜이든 도박이든
거기에는 악한 기쁨이 있다.

사람들이 그것들은 순간적인 즐거움에 지나지 않으며
결국에는 자신의 인생과 가정을
파괴한다는 것을 잘 알면서
거기에서 벗어나지 못하는 것은
그 악의 즐거움을 포기하고 싶지 않기 때문이다.
영혼이 발전하지 못한 사람들은
오직 육체와 악의 즐거움을 누릴 뿐이며
영혼이 발전한 사람들은

심원한 기쁨을 누린다.
악의 즐거움은 강하고 자극적이고 순간적이며
짧은 쾌락이 끝나면 오랜 후회를 일으킨다.
그러나 영의 기쁨은 은근하고 부드러우며
지속적으로 아름다움을 일으킨다.
악이 주는 즐거움을 누리지 말라.
악한 영들은 당신의 영혼을 사냥하기 위하여
미끼를 던지는 것이며
한 방울이라도 그 쾌락을 마시는 자는
결코 거기에서 나올 수 없다.
먹은 것을 다 토해내고 많은
고통의 대가를 지불하기 전에는.

깊은 즐거움을 누리라.
영혼의 감각이 죽은 자는 영혼의
그 부드럽고 잔잔한 즐거움을 알지 못하여
사랑의 기쁨, 거룩한 즐거움들이
재미없고 따분하고 유치하다고 말한다.
부드럽고 아름다운 말보다 거칠고
사나운 말을 더 자연스럽게 느낀다.
그러나 악들이 토해지고 육이 죽어갈수록
당신은 참된 희락을 알게 될 것이다.

악에서 즐거움을 찾지 않고
의와 선에서 즐거움을 얻게 될 때
비로소 사람은 자유롭게 되며
진정한 행복을 발견해 가는 것이다.

# 사랑과 욕망

어떤 이성을 보고 그 사람이 보고 싶어 견딜 수 없으면
사람들은 이것을 사랑에 빠졌다고 말한다.
그 사람이 있어야 행복하며
없으면 죽는 것이 낫다고 말하면
상사병에 걸렸다고 말한다.
그러나 이것은 소유욕과 탐욕에 빠진 것이지
사랑에 빠진 것이 아니다.

어떤 이가 백화점에 가서 멋진 옷을 발견한다.
그 옷은 그와 너무 잘 어울려 보인다.
그녀는 그 옷이 너무나 가지고 싶다.
그러나 그녀는 돈이 없어 그 옷을 살 수가 없다.
이제 그녀는 날마다 그 옷을 생각한다.
이것은 사랑일까? 아니다.
그녀는 단지 옷을 소유하기를 원하며
얻고 싶은 것을 얻지 못하여 가슴이 아플 뿐이다.
고양이는 쥐를 아주 좋아한다.
그러나 그것이 사랑은 아니다.

그는 다만 쥐 고기의 맛을 즐길 뿐이다.
대부분의 사랑이라고 생각하는 것은 이러한 것으로
그것은 어린아이가 장난감을 얻지 못하여 우는 것과
별로 차이가 없다.
그 아이에게 원하는 장난감을 주면 잠시 즐겁게 놀지만
곧 싫증을 내고 다시 다른 장난감을 달라고 운다.
그 아이는 장난감을 사랑하는 것은 아니며
오직 자신을 사랑하는 것이다.
아직 가지지 않았을 때는
그것을 얻기 위해 몸부림친다.
그리고 그러한 집념을 사랑이라고 여긴다.
그들이 자신이 얻고 싶은 것을 얻은 후에는
금방 흥미를 잃어버리고
자신이 미혼 시절에 안타까이 쫓아다녔던 배우자를
조롱하고 업신여기는 일은 흔히 있는 일이다.

사랑이란 자신을 버리고
상대를 섬기는 일이며
누구나 할 수 있는 것이 아니다.
성숙한 사람만이 바른 사랑을 할 수 있다.
어린이는 이기적일 수밖에 없으며
그가 사랑이라고 느끼는 감정은 결코 오래가지 않는다.

사랑을 할 수 있는 수준의 사람인지
안아주고 돌보아주어야 하며 키워야 할 사람인지
분별하는 시각은 몹시 중요한 것이다.
사랑하는 사람을 안아주고 돌보아주며 키워주는 것이
아주 행복한 일이라고 생각할지도 모르지만
그러나 장성한 사람만이 아이를 키울 수 있으며
모든 이기심과 어리석음을 포용하며
즐거이 자신을 희생할 수 있는 것이다.

# 바퀴의 축

세상에는 많은 바퀴들이 있다.
자전거 바퀴, 수레바퀴, 자동차 바퀴..
그들은 평생을 돌고 돌면서 산다.
어지러울 정도로 돌면서 산다.
그들은 항상 같은 운동을 되풀이한다.
그러나 그들은 바퀴의 운동 방향으로
진행되는 것이 아니고
중심축의 방향으로 나아가는 것이다.

인생에도 많은 반복이 있다.
먹고, 자고, 일하고 쉬고, 회사에 갔다가 돌아오고..
항상 동일한 일을 수레바퀴처럼 반복한다.
그래서 사람들은 자주 지친다.
그러나 인생도 마찬가지로 이런 반복의 방향이 아니라
영혼의 성장이라는 중심축의 방향으로
나아가고 있는 것이다.

# 가르침

떨어지는 낙엽을 보고도
삶의 종말을 깨닫지 못하는 것은
어리석은 일이다.
높은 하늘을 보면서도
겸손하지 않는 것도
어리석은 일이다.
허물을 벗고 날아가는 매미를 보면서도
육체 후의 삶을 깨닫지 못함도 어리석다.
자연은 우리에게 항상 은총을 베풀며
많은 것들을 가르치고 있으나
그 은총을 깨닫지 못하며
그 음성을 듣지 못하는 것도
실로 어리석은 일이다.

# 사랑이란

어떤 청년이 어떤 아가씨에게
꽃을 주었다.
그리고 맛있는 것을 사주었다.
멋진 선물을 주었다.
편지를 보냈다.
그는 계속해서
주고 또 주었다.
어떤 아이가 물었다.
형. 왜 형의 것을 자꾸 줘요?
그는 대답했다.
나는 사랑하고 있단다.

# 은혜

어떤 청년이 회사에 가고 있는 데
길에서 어떤 노인이 사탕 한 개를 주었다.
그는 의아했지만 그것을 받아먹었다.
그것은 보통의 사탕이 아니었다.
그것을 먹자 그는 신선한 힘이 생겼고
마음이 즐거워졌다.
그는 하루를 즐겁게 생활했다.
그 다음날 다시 그 거리에서 노인이 사탕을 주었다.
청년은 즐거운 마음으로 그것을 받았다.
참으로 맛이 있었다.
그 일은 날마다 반복되었다.
청년은 날마다 그 노인을 기다렸고 사탕을 받았다.
동일한 일이 몇 년간 반복되었다.

그런데 어느 날 그 노인이 보이지 않았다.
청년은 궁금하고 서운했다.
청년은 이 날을 피곤하게 보냈다.
그 다음 날에도 노인은 보이지 않았다.

청년은 화가 났다.
그는 회사에서 투덜거리며 하루를 보냈다.
그 다음 날에도 노인은 보이지 않았다.
청년은 머리끝까지 화가 나서
하루 종일 사람들에게 자기의 사탕을 빼앗아 간
노인의 욕을 했다.
그 다음 날에 청년은 노인을 만났다.
청년은 불같이 화를 내면서
내 사탕을 내놓으라고 말했다.

노인은 조용히 말했다.
젊은이여.
자네의 사탕은 없네.
그건 내 사탕이야.
그냥 자네에게 은혜로 준 것이라네.
자네는 내가 몇 년간 그것을 주었으나
한 번도 감사하지 않고
단지 사흘 동안 주지 않았다고 해서
그렇게 나를 미워하나?
단지 사흘 때문에..?

# 작은 자에게 베푸는 것


예수께서 비유로 말씀하셨다.
마지막 날에 왕이 그들의 삶을 심판할 것이다.
왕은 모든 무리를 두 종류로 나누었다.
그는 오른편에 있는 무리를 칭찬했다.
복 받은 자들이여.
너희는 천국의 기업을 상속하게 될 것이다.
너희는 내가 주릴 때에 먹을 것을 주었고
나그네일 때 영접하였으며
내가 병들었을 때 나를 돌아보았다.
그들은 놀라서 물었다.
주님. 저희가 언제 그랬나요.
저희는 그런 적이 없는데요.
왕이 말씀하셨다.
너희 중에 있는 아주 작은 자에게 한 것이
곧 내게 한 것이다.

왕은 왼편에 있는 자들을 꾸짖으며 말했다.
이 악한 자들아.

너희는 어두운 곳에 떨어지게 될 것이다.
너희는 내가 주릴 때에 먹을 것을 주지 않았고
나그네일 때 영접하지 않았으며
내가 병들었을 때에 돌아보지 않았다.
그들도 놀라서 물었다.
주님. 우리가 언제 그렇게 했나요.
저희는 그런 적이 없어요.
왕이 다시 말씀하셨다.
아주 작은 자에게 하지 않은 것이 곧
나에게 하지 않은 것이다.
그러므로 의인들은 영생에, 악인들은
영벌에 들어갈 것이다.

(마태복음25장 31절-46절)

# 우산은 말한다


비 오는 날 오후
초등학교를 지나간다.
마침 하교 시간
수많은 우산의 물결이
교문 앞에 넘실거린다.
젊은 엄마들이 우산을 쓰고
아이들을 기다리고 있다.

나는 우산들을 바라본다.
그리고 그들의 이야기에 귀를 기울인다.
그들은 말한다.
내 사랑하는 아이들아.
너희들은 나에게 얼마나 귀한 존재인지 몰라.
엄마는 너희를 얼마나 사랑하는지 모른단다.
너희들은 비를 한 방울도 맞아서는 안 돼.
왜냐하면 춥고 감기 걸리면 엄마 마음이 아프니까.
엄마는 이 비뿐만이 아니라
너희들의 삶에 어떤 바람이 불어와도

너희에게 우산을 씌워 줄 거야.
그리고 너희와 함께 있을 거야.
우산은 엄마의 마음을 대변하여 말한다.

잠시 후 하나 둘
아이들이 뛰어 나온다.
엄마를 발견한 아이들은
엄마의 품속으로
우산 속으로
달려 들어온다.
그들은 손을 잡고
다정스럽게 집으로 간다.
엄마는 아이 때문에 행복하고
아이는 엄마 때문에 행복하다.
엄마와 우산이 있는 아이들은
충분히 행복하며
이제 아무 것도 더 필요하지 않다.

# 타조와 지혜

타조는 즐거이 날개를 치지만
그 깃과 털이 인자를 베풀지 않는다.
그는 알을 땅에 버려 두어 모래에서 더워지게 하며
발에 깨어질 것이나
들짐승에게 밟힐 것을 생각지 않는다.
그는 새끼에게 무정한 것이
제 새끼가 아닌 것처럼 하며
고통하며 애를 낳은 것이 다 소용없게 되어도
전혀 신경 쓰지 않는다.
이는 하나님, 내가 그에게 지혜와 총명을
주지 않았기 때문이다.
   (욥기39장13절-17절)

어떤 이는 타조와 같다.
그들은 무정하며 지혜가 없다.
그러나 그들을 비난하지 말지니
전능하신 자가 지혜를 주지 않을 때
아무도 스스로 깨달을 자가 없기 때문이다.

# 하나됨

영이 어린 사람은 자신이 혼자 떨어져 있다고 생각하나
모든 사람은 눈에 보이지 않는
신비한 끈으로 연결되어있다.
어린 사람은 자신과 지구가 상관이 없다고 생각하나
사실 그것은 하나의 생명체이다.
그러므로 어린 사람은 남이야 어떻게 되던
자기만 좋으면 그만 이라고 생각하나
성장한 자는 남은 또 다른 자기이며
상대를 기쁘게 하는 것이 자기의 기쁨인 것을 안다.
눈이 열릴수록 이 우주는 한 하나님의 작품이며
아름다운 하나의 공동체임을 본다.
영이 성장할수록 사람은 자연을 사랑하며
자연을 해롭게 하는 것은
곧 자신을 해치는 것임을 안다.
남에게 고통을 주는 자는
사실은 자기를 죽이고 있는 것이며
남의 성장을 돕는 자는
곧 자신을 사랑하고 있는 것이다.

## 회복

오늘날의 교회는 세상의 빛의 역할을
잘 수행하지 못한다.
오늘날의 교인들은 세상의 빛이 되지 못하고 있다.
그들은 진리에 대하여 별로 관심이 없는 것 같으며
오직 욕망과 성공의 환상에 사로잡혀 있는 듯이 보인다.
그들은 영혼이 깨어나고 새롭게 되는 것보다는
그저 성공하고 복을 받기를 원한다.
그들은 진리보다는
형통과 평탄함만을 원한다.
그들이 다른 이와 차이나는 것은
술을 안 마시는 것, 담배 안 피는 것,
일요일에 교회 가는 것뿐이다.
그 외의 다른 것을 보여줄 수는 없을까.
영혼의 성장을 사모하며
따뜻함과 진리와 포용과
지혜로움과 아름다움과 향기의 삶을
보여줄 수는 없을까.
초신자는 비교적 신선함을 유지하고 있으나

오래 된 신자일수록 삶과 인격에
악취가 많은 것은 도대체 어떤 이유일까.
거짓과 배타성과 아집과 탐욕, 경직됨, 융통성 없음..
그것은 영혼의 열매가 아니다.
그것은 육신과 자아에게서 나오는
비참한 열매일 뿐이다.

교회는 아름다움을 회복하여야 한다.
성도들은 영성의 변화를 추구해야 한다.
명목상의 신앙은 심판의 날에
결코 안전을 보장해주지 않는다.
이 땅에서 마음의 천국을 누리지 못하는 자가
영원한 곳에서 천국을 누릴 수는 없다.
진정한 신앙은 말과 지식에 있지 않으며
삶 속에서 인격과 열매의 향취를 보여주는 것이다.
성도의 삶 가운데 아름다움과 결실이 충만할 때에
교회는 비로소 세상의 빛이 될 수 있을 것이다.

# 언제부터

언제 우리는 비난하기를 멈출 것인가.
언제 우리는 자기 연민을 중단할 것인가.
언제 우리는 미워하기를 그칠 것인가.
언제까지 우리는 푸념을 되풀이할 것인가.
언제까지 우리는 운이 없다고 하소연할 것인가.
언제까지 우리는 용서하지 않는 이유를 나열할 것인가.
언제까지 우리는 우리가 행복하지 않은
이유를 가지고 있어야 하는가.

언제부터 우리는 사랑할 수 있을 것인가.
언제부터 우리는 가까운 사람들에게
정말 감사하고 있다고 말할 수 있는가.
언제부터 우리는 행복을 만들어 갈 것인가.
언제부터 우리는 천국을 경험하며 살아갈 것인가.

# 힘과 은혜

사람의 육체는 동물계에 속하여 있으며
사람의 영혼은 신계에 속하여 있다.
동물계는 약육강식의 세계이며
신계는 사랑과 은혜의 세계이다.
동물은 강한 자가 지배하며
자기보다 크고 강한 자는 결코 공격하지 않는다.
신계는 은혜의 세계로서
강한 자가 약한 자를 사랑하며 돕는다.
영혼이 발전되지 않은 자는 육체로 살며 힘으로 살고
영혼이 자란 자는 사랑과 은혜로 산다.

당신이 어떤 사람을 알기 원한다면
그가 약하고 여린 사람을 어떻게
대하는지를 보면 될 것이다.
아랫사람들, 가족에게 어떻게 대하는 지를
보면 될 것이다.
육적인 사람은 가난한 자, 약한 자를 매몰차게 대한다.
그러나 강한 자를 보면 철저하게 꼬리를 내린다.

그 강자가 그의 힘과 지위를 가지고 있을 동안에는.
당신이 만약 높은 위치에 있다면
그런 사람을 알아보기가 어려울 것이다.
왜냐하면 그는 당신에게 철저하게 공손하며
헌신적일 것이므로.

영적인 사람은 약자를 사랑하며 섬긴다.
그는 도와주어도 아무런 현실적인 이익이
안 되는 사람을
기쁜 마음으로 돕는다.
그리고 그렇게 강한 자가 어린 자를 섬기는 것이
바로 천국의 원리이다.
그의 영혼은 천국에 있으므로
그는 천국의 원리를 따라 살기를 원한다.
육체의 원리는 지옥의 원리이며
항상 이기고 또 이기기 위하여
긴장과 경쟁이 끊어지지 않는다.
영의 사람은 악을 보고 불쌍히 여기나
육의 사람은 악을 보고 분노하고 정죄하며
보복하기를 원한다.

사회도 영적인 수준과 나이가 있다.

영적으로 성숙한 사회는
장애인이나 가난한 자, 약한 자들이 살기가 좋다.
있는 자들은 없는 자들을 기쁘게 섬긴다.
그러나 영적으로 어린 육적이고 동물적인 사회는
약육강식이 지배하여
장애인이나 가난한 이들이 살기가 무척 어렵다.
강한 자들은 없는 자, 약한 자들을 무시하고 압제하며
그들만의 이익을 취한다.
사회의 영적 성장은
어떠한 사회 제도의 변화로도 가능하지 않으며
개개인의 변화 성장을 통하여야 만이 가능하다.
이러한 변화가 가능해질 때
사람들은 천국의 일부분을 경험하게 되는 것이다.

## 삶의 누림

지금 하는 일을 빨리 마치려고 하지 말라.
빨리 일을 마치고 그 다음에 놀려고 하지 말라.
일을 다 마쳐도 당신은 놀 수 없으며
일을 아무리 빨리 마쳐도
또 다른 일이 당신을 기다리고 있고
당신은 평생을 두고 일을 하게 된다.

일도 빨리 해치우고
밥도 빨리 먹어치우고
어차피 할 일 결혼도 빨리 해치우고
아이도 빨리 낳고
열심히 돈을 벌고 키우고
빨리 독립도 시켜서
드디어 당신은 자유롭다.
모든 의무에서 해방되었다.

자. 이제 무엇이 남았는가.
이제 해방된 후에 얼마나 행복한가.

근심과 짐이 다 사라진 지금
과연 기쁨의 삶이 시작되는가.

모든 일을 빨리 해치우지 말라.
한꺼번에 잔의 물을 다 마셔버리지 말고
한 모금씩 조용히 그것을 음미하라.
인생은 순간
순간은 인생
지금 당신이 삶을 즐길 수 없다면
모든 일을 마친 후에도
당신은 결코 즐길 수 없다.

일을 즐기고 부담을 즐기며
자녀양육의 부담과 일의 책임을
즐기라, 누리라, 향유하라.
정 하기 싫으면 집어치우고
어차피 할 수밖에 없다면
그것을 즐기는 법을 배우라.

집안 청소를 한 후에 쉬고 놀지 말며
청소를 하면서 삶을 즐기라.
청소를 하는 부드러운 온몸의 동작을 즐기라.

팔의 유연한 움직임을 느끼고 감사하며
무릎을 꿇고 걸레질을 하며 그것이 기도가 되게 하라.
창문을 열고 우주를 호흡하며
동시에 마음의 문도 열라.
우주는 음악과 리듬으로 가득 차 있으며
발견하기를 원하는 자에게 아낌없는 지혜와
감동을 선사한다.

모든 일을 하면서 우리는 천국을 경험할 수 있다.
천국은 저 먼 곳에 있지 않으며
지금 이 순간 타이프를 치는 이 손가락에도
우리가 거하는 공간에도 머물 수 있다.
열려있는 자, 성장한 자, 마음을 다스리는 자에게는
모든 곳, 모든 순간이 천국이며
삶의 기쁨과 영광을 경험하는 공간이다.

# 물과 그릇

영혼과 육체의 관계는
물과 그릇과도 같다.
그릇에 물을 담듯이
육체에 영혼을 담는다.
그릇은 그 속에 무엇을 담느냐에 따라
중요성이 결정되듯이
사람도 육체 속에 어떤 영혼이 담겨있느냐가
운명을 결정한다.
그릇과 물의 밀도는 같을 수 없다.
만약 밀도가 같다면 그릇은 물을 보존할 수 없으며
물은 바깥으로 흘러나올 것이다.
그러므로 영혼의 특성은 부드러움과 자유함이며
육체의 특성은 고정됨과 강건함이다.

영혼이 발전된 사람은 비교적 유약하게 보이며
사고가 자유롭고 융통성이 있으며 부드럽다.
육체가 발전된 사람은 굳고 강하며 거칠고 강퍅하다.
그는 사고가 굳어있고 단순하며 의지가 강하다.

그리고 여간해서는 고집을 꺾지 않는다.
사람은 영혼의 부드러움과 육체의 강건함을
어느 정도 가지고 있어야 한다.

그릇이 너무 강한 사람은
그릇이 두꺼워서 잘 깨지지 않으며
감각이 둔하므로 고통을 잘 모르고
여간해서는 좌절하지 않는다.
그래서 그들은 이 땅에서 많은 것을 성취한다.
그러나 그들은 자기를 부인할 줄 모르며
내부의 감각이 둔하여
영적으로 발전하기 어렵다.
그들은 하늘의 음성을 듣기가 어려우며
지옥의 영들이 가까이와도 둔해서 알지 못한다.
그들의 영혼이 고통을 겪어도 그들은 알 수 없다.

그릇이 지나치게 얇은 사람은
안에 있는 영혼을 잘 보존하기 힘들어
외부의 영향을 많이 받는다.
그들은 귀가 얇으며
쉽게 좌절하고 쉽게 상처받으며
수많은 결심을 하지만

끝까지 해내는 일은 별로 많지 않다.
그는 많은 약속을 하지만
그가 지키는 것은 얼마 되지 않는다.
그는 민감하므로 고통을 많이 겪어
비교적 성장이 빠르지만
자기 방어 능력이 부족하므로
악한 영이나 악한 사람들에게 시달림을 많이 받는다.

당신의 그릇을 부드럽게 하라.
그러나 너무 얇게 하지는 말라.
강퍅한 것보다는 얇은 것이 사랑하기에 좋으나
지나치게 부드러우면 힘이 약하여 눌리기 쉽다.
사람은 날 때부터 전투의 사람과 사랑의 사람,
일의 사람과 생명의 사람으로 사명이 나뉘지만
그래도 할 수 있는 한 우리는
전투에도 사랑에도 유능한 자가 되어야 한다.
때로는 물처럼 부드럽고 유연하며
때로는 돌처럼 견고하고 안정을 유지하라.
때로는 위로와 사랑의 사람으로
때로는 강한 사람으로 나타나라.
이것을 자유롭게 할 수 있는 자가
참으로 성숙한 사람인 것이다.

# 산과 골짜기

인생은 항상 산과 골짜기를 반복한다.
인생의 전반기에 골짜기를 경험한 사람은
인생의 후반기가 평탄하며
인생의 전반기를 어려움 없이 보낸 사람은
인생의 후반기에 많은 시련을 겪는다.
삶이란 흔히 사람들이 생각하듯이
무질서와 불공평함이 아니며
보이지 않는 질서와 조화로 가득 차 있다.

어릴 때부터 용모가 아름답고
영리하고 똑똑한 사람은
항상 칭찬과 인정에 익숙해져있어
내면의 자기 개발에 어려움을 겪는다.
그들은 결혼 생활의 갈등과 부딪힘을 잘 이기지 못하며
자신 안에 포용과 사랑 인내의 덕목이
부족함을 깨닫는다.
어릴 때부터 용모도 별로 뛰어나지 않고
영리하고 약삭빠르지도 못하며

항상 꾸짖음과 학대에 익숙해져있는 사람은
살아남기 위하여 자기만의 내면세계를
발전시키게 되며
인생의 후반기에 아름다운 열매를 맺게 된다.

삶은 결코 불합리하지 않다.
지금 심는 것은 언젠가는 그 열매를 거두게 되며
지금 낙심하지 않는 자는 언젠가는
아름다운 과실을 먹는다.
역사는 항상 이 사실을 보여주며
낮과 밤은 지금도 계속 되고 있다.

# 인생의 4계절

인생에도 영혼에도 4계절이 있다.
봄 - 그것은 희망과 기쁨의 계절이다.
그러나 이 기쁨은 실제적이 열매의 기쁨이 아니며
하나의 희망, 상상에 지나지 않는다.
여름 - 그것은 땀과 고통과 시련의 계절이다.
희망은 사라지고
사람들은 좌절하며 포기하고 싶어 한다.
그러나 그것은 가을로 가기 위한 과정일 뿐이다.
가을 - 그것은 기쁨과 수확의 계절이다.
그들은 드디어 꿈을 이룬다.
그러나 가을은 빠르게 지나가며
차가운 겨울의 계절이 온다.
겨울 - 그것은 고독과 버림받음과 내면의 계절이다.
사람들은 다시 외로움과 절망에 빠지며
사람들은 자신이 세상에서 혼자라고 생각한다.
그러나 머지않아 다시 봄이 오며
그는 영혼의 나이를 한 살 더 먹게 되는 것이다.

# 음식

지나치게 먹는 것을 즐기며
그것을 인생의 큰 기쁨으로 생각하며
이를 위하여 많은 시간과 에너지를 낭비하는 자는
영적으로 성장하기가 어렵다.
과식을 하는 것은
단순히 육체의 질병만을 유발시키는 것이 아니며
영혼에게도 무거운 짐이 된다.
그들은 육신을 먹이고 사랑하는 것만큼
영혼의 건강을 돌보지 않으며
영혼이 즐거워하는 양식을 먹이지 않는다.
영혼의 양식은 예배와 말씀과 진리와 사랑하는 것이다.
영혼의 기쁨을 아는 자는 음식을 탐하지 않으며
가볍고 소박한 음식을 통해서도
많은 기쁨을 누린다.
무릇 음식을 탐하는 자는
영적성장을 갈망하지 않으며
위장을 가볍게 하지 않는 이들은
결코 마음을 가볍게 할 수 없다.

# 음식, 몸, 성품, 영혼

얼굴이 지나치게 붉은 사람에게 묻는다.
심장이 안 좋으시군요?
그는 대답한다.
안 좋은 정도가 아니에요.
또 묻는다.
매운 음식을 못 드시는군요?
그는 대답한다.
못 먹는 정도가 아니에요.
얼굴이 지나치게 검은 사람에게 묻는다.
신장이 안 좋으시군요?
그는 대답한다.
안 좋은 정도가 아니에요.
자주 피곤하시죠?
피곤한 정도가 아니에요.
얼굴이 지나치게 하얀 사람에게 묻는다.
폐가 나쁘시죠?
그는 대답한다.
나쁜 정도가 아니에요.

얼굴이 푸른 사람에게 묻는다.
간이 안 좋으시군요?
그는 대답한다.
너무 안 좋아요.
얼굴이 노란 사람에게 묻는다.
위장이 나쁘신가요?
그는 대답한다.
많이 나빠요.
또 묻는다.
생각이 많고 신경을 많이 쓰시는 편인가요?
네. 좀 그래요.
단 음식을 싫어하시나요?
예. 무지하게 싫어해요.
음식, 체질, 성품, 건강은 서로 떼어놓을 수 없다.

중년 부인이 의사에게 호소한다.
선생님. 이 나이에 엉뚱하게 상사병이 걸렸네요.
너무 힘들어요.
의사는 대답한다.
위장이 허하군요.
단 것을 많이 드세요.
부인은 처방대로 하고

곧 제 정신으로 돌아온다.
어떤 이는 병적으로 동정심이 많다.
그는 모든 사람을, 심지어 멀쩡한 사람도
불쌍하게 본다.
의사는 처방한다.
폐가 허약해요.
무나 배처럼 하얀 색 음식을 많이 드세요.
근심 많은 비관론자에게 처방한다.
초콜릿이나 과자를 싫어하시죠?
예. 싫어해요.
당분간 좀 드세요.

음식취향은 성품을 보여준다.
어린이들은 단순하고 근심이 없으며
단 것, 과자를 좋아한다.
그들은 맑으나 깊이가 없다.
그러나 당분은 확장성이며
성장을 위해서는 단 성분이 필요하다.
어른이 되어 인생의 쓴맛을 볼수록
사람은 단 것을 싫어한다.
어른이 되어도 단 것을 잘 먹는 사람은
고난을 싫어하며 단순한 방식으로 살고

희생을 좋아하지 않는다.
음식은 그 사람의 삶과 성품을 보여주며
사람이 바뀌면 음식 취향도 바뀐다.

외국인이 말한다.
저기 동양 사람이 오는군요.
나는 그가 어느 나라 사람인지 알아요.
인상이 부드러우면 일본 사람
표정이 없고 행동이 느긋하면 중국 사람
얼굴이 화가 난 것 같고 행동이 급하면
한국 사람이지요.
음식은 국민성에 영향을 끼친다.
일본 사람은 단 음식을 좋아하여 부드럽게 되고
중국인은 기름기를 좋아하여 느긋해지며
한국인은 맵고 짠 것을 즐기므로
바쁘고 급하고 사나와진다.
우리는 화를 잘 내고 여간해서는 웃지 않으나
버터를 먹고 자극 없는 음식을 먹는 국민들은
싱거운 소리를 잘 하며 아무 것도 아닌 일에
웃고 즐긴다.

몸과 마음은 하나이다.

몸이 조화되면 마음도 조화되며
마음의 조화가 깨지면 몸의 균형도 무너진다.
질병은 이 조화의 무너짐에 대한 마음의 경고이며
다시 우주의 흐름으로 돌아가라는 신호이다.
근심, 두려움, 분노, 미움 등도 영혼을 파괴시켜
몸에게 고통을 주지만
조화되지 않은 음식도 영혼을 긴장시킨다.

음식 취향은 곧 그 사람이다.
독특한 음식을 즐기는 사람은 성품도 독특하며
입맛이 까다로운 사람은 성품도 까다롭다.
영적 성장을 원하는 사람이라면
식도락을 절제하여 소박한 음식을 먹으며
과식을 피하고
자극적인 음식을 멀리해야 한다.
단순하고 소박하고 부드러운 음식을 즐길 수 있을 때
당신의 영혼도 함께 성장해 갈 수 있는 것이다.

# 공간 욕구

사람은 본능적으로 공간에 대한 욕구가 있다.
그는 좀 더 넓은 공간을 얻기를 원한다.
어떤 사람이 전철을 탔을 때
그는 한쪽 끝에 앉으며
무의식적으로 그 의자 전체의 공간을 확보한다.
두 번째 사람이 오면
그는 반대편 끝에 앉으며
첫 번째 사람과 공간을 반으로 나눈다.
세 번째 앉는 사람은 가운데에 앉으며
그 공간을 다시 반으로 나눠 가진다.
만약 넓은 공간이 있는 데
어떤 사람이 누군가의 옆에 바싹 다가앉는다면
첫 번째 사람은 불쾌감을 느낄 것이다.

친밀하지 않은 사람이 나의 공간 가까이 올 때
그것은 고통과 긴장을 일으킨다.
친밀함의 정도만큼 더 가까운 공간을 허용할 수 있으며
친밀한 사람 외에는

그 공간에 들어와서는 안 된다.
약간만 친밀한데 아주 가까운 공간 속에 있다면
그것도 불쾌감을 일으킨다.
사람은 본질적으로 영혼이며 영체를 가지고 있으므로
육체가 직접 닿지 않더라도
가까이 있으면 그의 영혼을 느낀다.
영혼이 발전할수록
사람은 육체의 만남보다 영혼의 교류를 즐긴다.
몸의 만남, 형식적인 만남보다
마음의 공감이 있는, 정서적인 일체감이 있는 만남을
더 원하게 되는 것이다.

사람들은 본능적으로 넓은 공간을 원한다.
넓은 집, 넓은 정원을 얻기 원하며
나라들은 넓은 영토를 얻기 위하여 전쟁을 일으킨다.
넓은 공간에 대한 욕구는
근본적으로 영혼의 확장성에서 기인하는 것이다.
영혼은 성장에 대한 끝없는 욕구를 지니고 있으며
영원한 세계를 발견할 때까지
그 욕망은 결코 멈추지 않는다.

# 전망

대부분의 사람은 기차를 타면
차창 가에 앉는다.
그리고 차창 밖을 바라보며
생각에 잠긴다.
높은 곳에 있는 전망 좋은 집은 비싸게 팔린다.
베란다에서 한강이 내려다보이는 아파트를
사람들은 가지고 싶어 한다.

사람은 누구나 현실에 안주하지 못한다.
사람은 언제나 미래를 보며 먼 곳을 볼 때
즐거움을 느낀다.
그것은 우리가 고향을 떠나 와 있기 때문이며
돌아갈 집을 그리워하고 있기 때문이다.
영원한 곳을 사모하도록
설계되어 있기 때문인 것이다.

# 음양

세상은 음과 양으로 창조되었다.
빛이 있고 어두움이 있으며
하늘이 있고 땅이 있다.
남자가 있고 여자가 있으며
동물이 있고 식물이 있다.
영혼이 있고 육체가 있으며
낮이 있고 밤이 있다.
이 모든 것의 중심은 영혼과 육체이다.
대부분의 음과 양은 영혼과 육체를 보여주며
그 성격과 사명을 설명해주는 것이다.
남자는 겉사람, 바깥사람, 육체를,
여자는 속사람, 영혼을 보여주며
땅은 육체를, 하늘은 영혼을 보여준다.
빛은 영혼을, 어두움은 육체를 보여주며
동물은 육체를, 식물은 영혼의 성격을 보여준다.

성경에서 나오는 선악과, 생명나무 등의 나무는
대부분 사람을 가리키는데

영혼으로서의 사람을 의미하며
성경에서 사람이 동물로 비유되는 것은
겉 사람, 곧 육체로서의 사람을 의미하는 것이다.

음과 양, 둘 다 혼자서는 완전하지 않으며
반대의 성분이 서로를 완전하게 한다.
물체가 있는 곳에는 반드시 그림자가 있으며
겉의 성분과 속의 성분은 서로 반대가 된다.
단단한 껍질의 조개나 게의 속에는
부드러운 속살이 있으며
부드러워 보이는 오징어는
실상 아주 단단한 음식이다.
사막의 메마른 곳에 사는 선인장은
그 속에 수분으로 가득 차 있으며
어두운 습지에 사는 버섯 종류는
그 속에 마른 성분으로 충만하다.

이와 같이 음양의 조화는
겉의 성분과 속의 성분이 다른 것임을 보여준다.
겉으로 온유해 보이는 사람이
실상 무섭게 완고한 고집을 가지고 있으며
겉으로 사납게 보이는 사람이

속에는 따뜻함을 가지고 있는 경우가 많다.
삼손은 들릴라의 외모에 매혹되었으나
그녀의 냉혹한 내면은 발견하지 못했다.
하와는 선악과의 탐스러움에 빨려들어 갔으나
그 속의 독소는 깨달을 수 없었다.

영혼의 사람은 외모에 미혹되지 않으며
내면의 본성을 주의 깊게 관찰하나
육체의 사람은
불에 뛰어들어 타 죽는 나방처럼
오직 겉을 보고 즐길 뿐이며
자기 영혼이 다 타버려도 깨닫지 못한다.

# 고난과 변화

고난은 사람에게 충격을 준다.
그것은 사람을 어떻게든 변화시킨다.
작은 고난은 작은 변화를
큰 고난은 큰 변화를 일으킨다.
어떤 사람이 놀라운 지혜와 성자와 같은
아름다움을 가지고 있다면
그는 큰 고난을 통과한 사람이다.
어떤 사람이 아주 극악무도한 사람이 되었다면
그도 큰 고난을 겪은 사람이다.
어떤 사람이 어느 정도는 선하고 어느 정도는 악하다면
그는 약간의 고난을 겪은 사람이다.

고난은 변화를 주지만
그 변화의 방향까지 결정해주는 것은 아니다.
어떤 사람은 극심한 가난을 겪고 수전노가 되며
어떤 사람은 극심한 가난을 겪고
가난한 자에게 베푸는 자가 된다.
어떤 사람은 혹독한 상사를 경험하고

따뜻한 상관이 되나
어떤 사람은 더 심한 상관이 되기도 한다.
고난을 겪을수록 아름다워지는 사람도 있고
고난을 겪을수록 무섭고 추해지는 사람도 있다.
삶은 우리에게 많은 변화의 재료를 공급하고 있으나
그 재료를 통하여 맺는 열매는
모든 사람들이 다 다르다.

# 영의 흐름

영이 발전할수록
사람은 상대방의 말보다
말에서 흐르는 내면의 영을 주의한다.
그 흐름이 자연스러운지 거칠은지
따뜻한 흐름인지 냉냉한 흐름인지
머리에서 나오는 것인지
심령에서 흐르는 것인지 살핀다.
그는 보이지 않는 것과
들리지 않는 소리에 주목한다.
대부분의 사람들은 진실을 말하지 않으며
그 사실조차 느끼지 못한다.
눈을 감고 귀를 닫고
마음과 심령으로 대화할 수 있다면
우리는 좀 더 깊이 사람을 이해할 수 있으며
깊은 일체감과 친밀감을 경험할 수 있을 것이다.

## 조화

자연은 질서가 있고 아름다우며
아무도 우주의 조화를 거스르지 않는다.
모든 만물은 창조주에게 순복한다.
오직 사람만이 이 조화를 벗어나서
서두르고 쫓기며 미워하고 흥분하며 산다.

자연의 흐름, 이 우주의 흐름과 조화하라.
함께 걷고 함께 노래를 부르며
그 자연스러움 속에 녹아들라.
당신이 그 흐름에 조화될 때
모든 일들은 자연스럽게 진행된다.
그러나 당신이 영혼의 평정을 잃고
그 조화에서 벗어날 때
모든 흐름은 거칠어지고 당신에게 거슬리게 된다.

전화를 계속해도 통화중일 때
아무리 기다려도 버스가 오지 않을 때
약속 장소에 사람이 나타나지 않을 때

이유 없이 상사에게 꾸지람을 들을 때
자연의 경고에 귀를 기울이라.
자기의 영혼을 돌아보라.
결코 짜증이나 불평을 터뜨림으로
그 흐름을 더 나쁘게 하지 말라.
당신의 영혼이 평화로워지고
다시 자연의 노래가 들릴 때
다시 삶의 리듬은 회복된다.
버스는 제 시간에, 사람은 약속 장소에,
상사는 찾아와 사과한다.

대세의 흐름을 역류하지 말라.
고요하고 잔잔하게 그 흐름과 조화하라.
자연의 소리를 들으라.
모든 만물은 제 자리를 지키며
창조주를 찬양하며 질서 있게 움직인다.
당신도 그렇게 하라.
창조주께 감사하고 삶을 노래하며
사람들을 사랑하고 당신의 영혼을 평화롭게 하라.
이것이 자연과의 조화로운 삶이며
모든 만물들이 존재하는 방식인 것이다.

# 영원을 사모함


이 땅에는 그 어떤 것도 완전하지 않다.
육체가 있는 동안에는 모든 것이 돌고 돌며 변화된다.
꽃은 피고 지며 낙엽은 떨어지고
시냇물은 흘러 강물이 되고 바닷물이 된다.
사랑도 미움도 아무 것도 영원하지 않다.
사랑은 미움으로 바뀌며 미움은 다시
그리움으로 바뀌고
사랑과 행복의 정점에 이르는 순간
재앙의 씨는 잉태된다.
만날 때가 있고 헤어질 때가 있으며
전쟁할 때가 있고 평화할 때가 있다.
달은 차면 기울고
여름은 다시 겨울로 바뀐다.
이 땅에는 아무 것도 완전하지 않으며
영원토록 산과 골짜기를 되풀이한다.

어리석은 영혼은 이 땅의 부침으로
인하여 기뻐하고 슬퍼하나

지혜로운 영혼은 그러한 성공과 실패에
마음을 두지 않으며
이 땅에는 진정한 소망이 없는 것을 깨닫게 된다.
그러므로 인생은 영원을 사모하게 되며
일시적이 아닌 영원한 만족을 추구하게 된다.
영혼이 자라서 이 세계의 만족을 경험한 자는
다시 허탄한 기쁨을 얻기를 원치 않으며
썩어질 만족을 구하지 않는다.
대다수의 사람들이 땅의 일로 걱정하나
그는 다시 이 땅의 일로 매이기를 원치 않으며
영원한 것들을 사모한다.
인생은 사람을 사랑하고
영혼의 진보를 위해서 이 땅에 온 것
이 사명과 목표를 잊지 않은 자들은
성장을 위하여
오늘도 사랑하며 감사하며
아름다운 나그네의 여정을 걸어가는 것이다.

# 섬

섬은 표면에서 보면
서로 떨어져 있는 것처럼 보인다.
그러나 깊은 속으로 내려가면
서로는 하나의 대륙으로
연결되어 있다.
마찬가지로
사람은 표면에서 보면
서로 떨어져 있는 듯이 보이지만
깊은 내면에서
서로 연결되어 있다.

사람들이 서로 미워하고 싸우고 경쟁하는 이유는
의식의 수준이 표면의 낮은 곳에 있어서
다른 사람도 또 다른 나인 것을 보지 못하기 때문이다.
다른 사람은 내 안의 숨겨진 모습을 드러내는
하나의 그림자인 것이다.
한 사람의 변화
한 사람의 영적 성장은

그 자체가 인류에게 대한 큰 봉사이다.
그것은 인류에게 영향을 미친다.
한 사람의 고통
한 사람의 슬픔은
인류에게 상처를 준다.
왜냐하면
좋든 싫든
인식하든 인식하지 못하든
우리는 모두
하나이기 때문이다.

# 거울

환경은, 고통은
자기 안에 무엇이 들어있는 지를 보여준다.
어떤 부인이 말하기를
자신이 처녀 때는 참 착했는데
아이 키우면서 아이가 하도 속을 썩여서
성질 다 버렸다고 한다.
어떤 이는 바깥의 원수 때문에
도무지 못 살겠다고 한다.

그것은 착각이다.
그것은 고통을 통해서
자기의 숨겨진 모습이 드러난 것이지
바깥의 사건으로 새로운 자기가 창조된 것이 아니다.
사람들은 자기의 성질이 변화되기를 원치 않으며
아무도 자기의 성질을 건드리지 않는
편안한 곳에 있고 싶어 한다.
그러나 지옥은 마음속에 있는 것이며
그 성질을 버리지 않으면

이 세상에서나 영원에서나
결코 천국을 경험할 수 없다.
건드리지 않으면 누구나 온유하다.
잘 대접해주면 누구나 상냥하다.
그러나 그것은 참된 온유,
내적인 생명에서 나오는 참된 사랑이 아니다.
어떤 극악무도한 사람도
그의 비위를 맞추어주면 즐거워하며
마귀도 경배 받는 것을 좋아한다.
참된 온유, 참된 사랑은
환경을 초월하여
어떤 상황에서도 나타나는 것이며
그것은 속에서 나오지
바깥에서 오지 않는다.

바깥에 원수가 있고
내 속을 뒤집어놓는 사람이 있는 것은
내 속의 악을 보여주기 위하여
하늘이 사명을 주어 파송한 것이다.
자기를 돌아보지 않고
바깥을 욕하는 자는
결코 마음의 지옥에서 벗어날 수 없으며

성장할 수 없다.
바깥의 원수들, 핍박자들이 있을 때
그들을 거울삼아 자신을 돌아보며
메시지를 얻고 교훈을 얻어
자신의 편협함, 이기적임,
사랑의 부족함, 무지함을 돌아보는 자 만이
변화 받을 수 있으며
더 높고 깊은 세계를 향하여
여행을 할 수 있게 되는 것이다.

# 고독

어릴 때는 엄마가 필요하다.
아이가 학교에서 돌아왔을 때
집에 엄마가 없으면 아이는 쓸쓸하다.
아이는 엄마 때문에 고독하다.

그러나 조금 시간이 흐르면
그는 특별한 일 외에는 엄마를 찾지 않으며
엄마의 간섭을 귀찮아한다.
그는 다른 종류의 고독을 느낀다.
그것은 엄마가 채워줄 수 없는 고독이다.
그것은 이성에 대한 고독이다.
그것은 사랑하는 이성을 통해 채워진다.
엄마는 이에 대해 약간 서운하고
질투심을 느낄 수도 있으나
그의 가는 길에 따라갈 수는 없다.

그러나 좀 더 시간이 흐르고
그는 이제 다른 종류의 고독을 느낀다.

그것은 이성이, 배우자가 채워줄 수 없다.
그것은 영원에 대한, 생명에 대한
창조자에 대한 고독이다.
근원에 대한, 진리에 대한 고독이다.
이성도, 배우자도
이에 대하여 서운하고
질투할 수는 있으나
죽음의 길에 따라갈 수는 없다.

고독은 존재의 확장을 위한 과정이다.
존재의 확장을 위한 굶주림이다.
고독을 통하여 인생은 성장하며
이것이 없이는
아무도 진리의 길에 이를 수 없다.

# 늙음의 행복

어떤 60먹은 왕년의 여배우가
길을 걷다가 넘어졌다.
짓궂은 사진 기자가 사진을 찍어 신문에 냈다.
그 기사의 제목은
아직도 그녀의 각선미는 매력적이다 라는 것..
어리석은 사람들
나이 60에 각선미 아름다운 것이 그렇게 자랑인가.
사람들은 늙지 않으려고 몸부림을 친다.
여인들은 싱싱한 몸매를 유지하려고 목숨을 건다.
그러나 그러한 몸부림은 추하다.

늙은 아저씨가 딸 같은 아가씨를
껴안다시피 하고 걷는 모습은 추하다.
나이든 여자가 어두운 곳에서
젊은 남자와 지내는 모습도 추하다.
카메라를 들이대면
그들은 얼굴을 가리고 도망간다.
늙은 부인의 짙은 화장

몸보신을 위하여 온갖 것을 먹는 남자들..
그들은 결코 아름답지 않다.
떨어지는 낙엽은 탄식하지 않으며
지는 꽃잎도 슬퍼하지 않는다.
그들은 한 때의 삶을 기뻐하며
새로운 생명에로의 변화를 기대하고 감사한다.
몸의 젊음은 한 때의 일
젊음의 즐거움을 계속 붙잡아서는 안 된다.

몸이 늙어가도록
그대로 내버려 두라.
썩어질 것들에 대하여
그토록 집착하지 말고
늙어감의 행복을 발견하라.
사랑의 발전, 지혜와 통찰력의 증가
사려 깊음, 지난 삶의 반성
주위 사람들에 대한 새로운 애정
늙은 배우자에 대한 신뢰와 감사
새롭게 느끼는 인생의 의미, 자연에 대한 고마움
신에 대한 감사와 사랑
영원한 세계에 대한 인식의 증가를 기뻐하라.

지난 날, 어린 시절의 유치한 즐거움으로
회귀하려 하지 말라.
더 높고 아름다운
깊은 즐거움을 사랑하라.
육체는 쇠잔하나
마음은 더 깊어진다.
육체의 즐거움보다
육체의 사랑보다
영혼의 즐거움
영혼의 사랑은
더 깊고 아름다운 것
유치한 세계로 돌아가지 말라.

이제 얼마 남지 않은 삶
조금이라도 더 성장하고
아름다운 피날레를 장식할 수 있도록
당신의 늙음을 기뻐하라. 즐기라.
늙음은 진정 아름다운 것이며
인생의 면류관이요
참된 행복인 것이다.

# 황금 빛 날개

때때로 내 영혼은 꿈속에서 방황하네.
빛이 보이지 않는 어두운 골짜기
가시와 찔레가 가득한 숲 속에서
내 영혼은 길을 못 찾아 헤매이네.

인적이 없는 그곳
아무리 몸부림쳐도 나는 길을 찾을 수 없고
내 몸에는 상처와 피로 가득하네.
전신에 피를 흘리며
내가 어찌할 바를 몰라 울고 있을 때
어느 순간 하늘에서 빛이 비춰네.
돌연 나는 내 몸에서 흐르는 피가
온갖 보석으로 바뀐 것을 보네

때로는 밑이 보이지 않는 절벽 위에 서있네
나는 두려움으로 한 걸음도 움직일 수 없고
사방을 둘러보아도 구원의 길은 보이지 않네.
돌연 어디선가에서 들리는 하나의 음성

주위를 보지 말고 하늘을 보라
나는 눈을 들어 하늘을 보네
그리고 밤하늘의 수많은 별들을 보네.

나는 놀라고 또 감탄하네.
이렇게 아름다운 별들이 이렇게 많이 있다니..
나는 그 아름다움에 젖어 내가 있는 곳을 잊어버리네.
나는 전에 볼 수 없었던 것을
이제 많이 보고 즐기고 있네.

그 많은 별빛들은 바로 주님의 은총
사랑의 빛인 것을 이제 나는 알고 있네.
별을 보다 정신을 차려 나를 돌아보았을 때
돌연 내게 황금 빛 날개가 생긴 것을 보았네.

그 황금 빛 날개는 나를 부드럽게 움직여
하늘의 이곳저곳을 날게 했네.
내 영혼은 주님의 영광에 휩싸여
포근하고 부드럽게 날고 있었네.

잠에서 깨어난 이후 나는 깨달았네.
고통의 피는 보석이 되며

인생의 벼랑은 황금 빛 날개의 은총인 것을
우리 영혼은 그 날개를 타고
주님의 영광을 향하여 날아간다는 것을
이제 나는 알게 되었네.

# 여정

하늘에서 비가 내린다.
그는 샘물이 되어 흐른다.
샘물은 좁은 계곡을 힘차게 흐른다.
그는 힘차게 흐르지만
아무 것도 배달하지 못한다.
샘물은 흘러 강물이 된다.
이제 그는 조금 천천히 흐른다.
하류에 내려갈수록
그는 점점 더 여유 있게 흐른다.
목적지가 가까워 진 것을 그는 안다.
그는 많은 것들을 운반한다.
강물은 다시 흐르고 바다가 된다.
그는 이제 많은 것들을 포용한다.
흐름은 약해졌지만
그는 이제 대부분의 것들을 정화시킬 수 있다.
바닷물은 증발되어 다시 하늘로
왔던 곳으로 돌아간다.
그는 사명을 마치고 이제 안식할 수 있을 것이다.

사람이 태어난다.
그는 어린이, 젊은 시절을 보낸다.
그는 빠르게 흐르고 빠르게 말한다.
그러나 줄 것은 그리 많지 않다.
장년이 되었다.
그는 조금 느려졌다.
그는 이제 조금 사람들에게 공급할 것이 생겼다.
노년이 되었다.
그는 이제 별로 흐르지 않는다.
그의 여행은 이제 끝이 가깝다.
그러나 그는 많은 것을 가지고 있으며
움직이지 않음으로써 일한다.
그는 고향과 안식을 기다리고 있다.

흐르는 물결을 되돌리려고 하지 말라.
삶의 물결이 자연스럽게 흐르게 하라.
과거를 회상하며
그 시절을 그리워하며
감상에 젖지 말라.
집착하지 말라.

강물은 샘이었던 시절의 활기참을 기억하지 않으며

바다도 강물이었던 시절의 유치함을 사모하지 않는다.
삶은 완성을 향하여 항상 흘러가는 것
과거의 영광도 과거의 허물도 다 지나가는 것이다.
지금 이 순간이
당신과 나를 위한 가장 아름답고 풍성한 시간이며
우리에게는 아직도 가야 할
사랑과 헌신의 여정이
나그네의 여정이
아직도 남아있는 것이다.

# 도서구입신청

도서 구입을 원하시는 분들을 위한 안내입니다.

### 1. 도서 목록 확인

페이지를 넘기시면 정원 목사님의 도서 전권이 안내되어있습니다.
도서 목록을 참조하셔서 필요로 하시는 책을 선택하십시오.
각 도서의 자세한 목차와 내용을 원하시면 정원목사 독자 모임 카페의 [저자및
저서소개] 코너를 참조하십시오. (http://cafe.daum.net/garden500)

### 2. 책신청

구입하실 도서를 결정하신 후에, 영성의 숲 출판사로 전화를 주세요.
(02-355-7526 / 010-9176-7526. 통화시간: 월~금 오전 9시~저녁 6시)
신청 도서 목록을 알려주시면 입금하실 금액을 안내해 드립니다.
신청하실 때는 책을 받으실 주소와 전화번호를 함께 알려주세요.
책신청은 전화 외에도 영성의 숲 홈페이지의 [책신청] 코너,
출판사 이메일(spiritforest@hanmail.net)을 사용하실 수 있습니다.

### 3. 송금

안내 받으신 도서 대금을 아래 계좌로 입금해 주세요.
(국민은행: 051-21-0894-062, 예금주: 홍윤미)
신청자 성함과 입금자 성함이 일치하지 않는 경우에는 입금자 성함을
꼭 알려주셔야 확인이 가능합니다.

### 4. 배송

입금 확인 후에 바로 발송 작업을 하는데, 발송후 도착까지 보통 2-3일 정
도가 소요 됩니다. 책을 급하게 필요로 하실 경우에는 일반 서점을 이용해
주세요. 해외 배송을 원하시는 분은 총판을 담당하고 있는 생명의 말씀사로
문의해주시기 바랍니다.
(생명의 말씀사 080-022-1211   www.lifebook.co.kr)

# | 정원 목사님의 저서 |

## 〈기도 시리즈〉

1. 하늘의 권능이 임하는 부르짖는 기도 1　373쪽, 13,000원/핸디북 10,000원
2. 하늘의 권능이 임하는 부르짖는 기도 2　444쪽, 15,000원/핸디북 11,000원
3. 대적기도의 원리와 능력　　　　　　400쪽, 14,000원/핸디북 11,000원
4. 대적기도의 적용 원리　　　　　　　424쪽, 14,000원/핸디북 11,000원
5. 대적기도를 통한 승리의 삶　　　　　452쪽, 15,000원/핸디북 12,000원
6. 대적기도의 근본적인 승리 비결　　　454쪽, 15,000원/핸디북 12,000원
7. 아름답고 행복한 기도의 세계　　　　　　　　　　276쪽, 9,000원
8. 주님의 마음에 이르는 기도　　　　　　　　　　　309쪽, 10,000원
9. 주님의 임재를 경험하는 길　　　　　　　　　　　308쪽, 10,000원
10. 예수 호흡기도　　　　　　　　　　460쪽, 15,000원/핸디북 11,000원
11. 방언기도의 은혜와 능력 1　　　　　459쪽, 16,000원/핸디북 12,000원
12. 방언기도의 은혜와 능력 2　　　　　403쪽, 14,000원/핸디북 11,000원
13. 방언기도의 은혜와 능력 3　　　　　489쪽, 16,000원/핸디북 12,000원

## 〈영성 시리즈〉

1. 영성의 실제를 경험하는 길　　　　　　　　　　　357쪽, 12,000원
2. 생각의 자유를 경험하는 길　　　　　　　　　　　228쪽, 8,000원
3. 영성의 중심은 사랑입니다　　　　　　　　　　　271쪽, 8,000원
4. 영성의 원리　　　　　　　　　　　　　　　　　319쪽, 11,000원
5. 문제는 주님의 음성입니다　　　　　　　　　　　227쪽, 9,000원
6. 영성의 발전은 어떻게 이루어지는가　　　　　　　254쪽, 8,000원
7. 지금 이 공간에 임하시는 주님　　　　　　　　　340쪽, 12,000원
8. 심령이 약한 자의 승리하는 삶　　　　　　　　　228쪽, 9,000원
9. 천국의 중심원리　　　　　　　　　　　　　　　452쪽, 14,000원
10. 행복한 신앙을 위한 28가지 조언　　　　　　　　348쪽, 12,000원

| 11. 성숙한 신앙을 위한 30가지 조언 | 340쪽. 12,000원 |
| 12. 의식의 깨어남을 사모하라 | 239쪽. 9,000원 |
| 13. 주님의 마음, 주님의 임재 속으로 | 348쪽. 12,000원 |
| 14. 영성의 발전을 갈망하라 | 292쪽 10,000원 |
| 15. 집회에서 흐르는 주님의 은혜 | 254쪽 8,000원 |
| 16. 삶을 변화시키는 생명의 원리 | 348쪽 12,000원 |
| 17. 낮아짐의 은혜1 | 308쪽 11,000원 |
| 18. 낮아짐의 은혜 2 | 388쪽 14,000원 |
| 19. 그리스도를 갈망하는 삶 | 268쪽 10,000원 |
| 20. 영이 깨어날수록 천국을 누린다 | 236쪽 8,000원 |

## 〈생활 영성 시리즈〉

| 1. 주님과 차 한잔을 | 220쪽. 6,000원 |
| 2. 일상의 삶에서 주님을 의식하기 | 280쪽. 8,000원 |
| 3. 일상에서 경험하는 주님의 사랑 | 277쪽 9,000원 |
| 4. 삶이 가르치는 지혜 | 212쪽. 6,000원 |
| 5. 사랑의 나라로 가는 여행 | 156쪽. 5,000원 |
| 6. 하나님의 뜻을 발견해 가는 여행 | 269쪽. 8,000원 |
| 7. 일상에서 경험하는 주님의 은혜 | 253쪽. 8,000원 |

## 〈묵상 시리즈〉

| 1. 맑고 깊은 영성의 세계를 향하여 | 140쪽. 5,000원 |
| 2. 주님은 생수의 근원 입니다 | 196쪽. 6,000원 |
| 3. 묻지 않는 자에게 해답을 던지지 말라 | 156쪽. 5,000원 |
| 4. 영혼을 깨우는 지혜의 샘물 | 180쪽 6,000원 |

# 묻지 않는 자에게 해답을 던지지 말라

| | |
|---|---|
| 1판 1쇄 발행 | 2001년 8월 10일 (혜문서관) |
| 1판 4쇄 발행 | 2003년 1월 6일 (혜문서관) |
| 2판 1쇄 발행 | 2006년 1월 15일 (영성의숲) |
| 2판 2쇄 발행 | 2007년 7월 5일 |
| 3판 1쇄 발행 | 2009년 8월 10일 |
| 3판 5쇄 발행 | 2021년 11월 10일 |
| 지은이 | 정 원 |
| 펴낸이 | 홍 윤미 |
| 펴낸곳 | 영성의 숲 |
| 등록번호 | 2001. 7. 19 제 8-341 호 |
| 전화 | 02 - 355 - 7526 (영성의숲) |
| 핸드폰 | 010 - 9176 - 7526 (영성의숲) |
| E - mail | spiritforest@hanmail.net (영성의숲) |
| 홈페이지 | cafe.daum.net/garden500 (정원목사 독자 모임) |
| | cafe.naver.com/garden500 (정원목사 독자 모임) |
| 국민은행 | 051-21-0894-062 |
| 예금주 | 홍 윤미 |
| 총판 | 생명의 말씀사 |
| 전화 | 02 - 3159 - 8211 |
| 팩스 | 080 - 022 - 8585,6 |

값 5,000원

ISBN 978 - 89 - 90200 - 74 - 7 03230